語りの講座

昔話入門

花部英雄
松本孝三
編

三弥井書店

はしがき

昔話は人々の暮らしの中から生まれ育まれてきたこともあって、社会生活の諸相や人間の悲喜劇、あるいは動植物との関わりなど、多種多様な面がそこに投影されている。昔話世界は単純なものではなく、多様な内容を持っているために、その全体像をつかむのはなかなか容易ではない。そこで昔話の全体を把握するための方法として、昔話の分類を利用する手がある。分類は、もともと研究者が昔話資料全体を概観し整理のために体系化し、研究に活用するために作ったものである。ここでは、その昔話分類の基礎となる考えと骨組を確認しつつ、これまでの分類案を一瞥することを通して、昔話の全体像の把握に役立てたい。

現在、世界で広く利用されている昔話分類のもとを作ったのは、フィンランドのアンティ・アアルネで、第一次大戦前に発表された『昔話型索引』がそれである。これにスティス・トンプソンが増補改訂を加え、一九二八年に『民間説話の型』として発表した。昔話を動物昔話、本格昔話、笑話の三つの群に分け、その下位項目を次のように並べた。

Ⅰ　**動物昔話**　野獣　野獣と家畜　人間と野獣　家畜　鳥　魚　その他の動物や物

Ⅱ　**本格昔話**　A　魔法の話　超自然のまたは魔法にかけられた夫（女房）または他の近親者　超自然的難題　超自然の援助者　呪物　超自然的力または知識　その他の自然的物語　B　宗教的な物語　C　ノヴェラ（伝記的物語）　D　愚かな鬼の話

Ⅲ　**笑話**　愚人譚　夫婦者の話　女の話　男（青年）の話　法螺話　形式譚　分類出来ない話

これを見ると、昔話を主人公や機能、事物などの内容に応じて分類編成しているが、けっして統一性のある分類とはいえない。その点はアアルネ自身も認めていて、ともかく実用性を重視して昔話目録の作成を行ったと述べている。

ところで、日本では柳田國男によって、昔話の発生的な見地から完形・派生システムによる分類の『日本昔話名彙』（昭和二十三年）が示された。これは昭和十年に「昔話覚書」で指摘していた分類案にもとづき体系化したものであるが、完形昔話、派生昔話の下に次のような話群を配置した。

完形昔話　誕生と奇瑞　不思議な成長　幸福なる婚姻　まま子話　兄弟の優劣　財宝発見　厄難克服　動物の援助　言葉の力　知恵のはたらき

派生昔話　因縁話　化物話　笑話　真似そこない　愚村話　鳥獣草木譚　その他

柳田の完形昔話は、昔話主人公の誕生から成長、兄弟の葛藤、社会的試練等を経て、結婚、富の獲得へと至る道筋を、人の一生になぞらえたものである。いうなら生涯の各段階に応じて昔話が配置、構想されているとする見解にもとづいている。続く派生昔話は、その完形昔話のある趣向が誇張あるいは転化・変容されたものとする発想で、昔話を通史的にとらえることを意図した分類である。

柳田に続く分類は、関敬吾である。関は昭和の初めころから柳田の下で昔話研究を進め、雑誌『昔話研究』の編集にもかかわり、また『日本昔話名彙』の刊行にも協力するが、しだいに昔話の国際比較の研究に力を注ぐようになる。その出発的な役割を果たしたのが、昭和二十五年からの『日本昔話集成』（全6巻）の刊行である。関はその第一巻の「序説」で、「昔話の存在は単に一国民族的な現象ではなく、超民族的な事実である」と説いている。

ところで関の分類は、『民間説話の型』と同様に、動物昔話、本格昔話、笑話の三分類である。それぞれの下位項目は次の通りである。本格昔話の話群については、おおかた柳田の配列にもとづいている。

動物昔話　動物葛藤　動物分配　動物競走　動物餅競争　猿蟹合戦　勝々山　古屋の漏　動物社会　小鳥前生　動物由来

本格昔話　婚姻・美女と獣　婚姻・異類女房　婚姻・難題聟　誕生　致富　呪宝　兄弟譚　隣の爺　大歳の客　継子譚　異郷　動物報恩　逃竄譚　愚な動物　人と狐

笑話　愚人譚　誇張譚　巧智譚　狡猾者譚　形式譚

関に続く分類は、『日本昔話通観』（全31巻）に見られる。編者の一人である稲田浩二は、自ら編集した『昔話タイプインデックス』の巻で、柳田、関の分類について、次のような批評を述べている。『日本昔話通観』の分類の方法を見るうえで参考になるので、長くなるが引用する。

関の昔話研究の基本的立場は、柳田の発生学的見地に対するアンチテーゼとして、比較的視点の援用を以て共時的に把握する点にある。その結果、昔話をジャンルやタイプによって軽重をつけず、伝承のままに公平に扱うことになり、細分化されたタイプの諸相を示している。柳田の『名彙』は日本民族の昔話をタイプで以て考察するいとぐちを示し、関の『集成』に至って、はじめて昔話タイプ・インデックスは形を備えたのであった。『集成』はその後著者の企図に添って「実際の研究」に必携のものとされ、昔話の分類研究を推進する役割を十分に果たしてきたといってよい。今後の課題は、昔話の文芸的基本単位を日本昔話の固有性に即して確認し、共時的観点の透徹した記述を志すことにあろう。

『日本昔話通観』は、この柳田、関の分類をもとに、昔話の文芸性や語り手、伝承風土に立脚した分類・タイプをめざし、むかし語り、動物昔話、笑い話、形式譚に分け、次のような話群を置いている。

むかし語り　人の世の起こり　超自然と人　異郷訪問　天恵　呪宝　誕生　兄弟話　継子話　婚姻　霊魂の働き　厄難克服　動物の援助　社会と家族　知恵の力

動物昔話　動物前生　動物由来　動物葛藤　動物競争　動物社会

笑い話　賢者と愚者　おどけ・狡猾　くらべ話　愚か者　愚か婿　愚か嫁　愚か村　誇張　言葉遊び

形式話　形式話

なお、『日本昔話通観』は、『日本昔話大成』にない独自の話型を登録したり、また話型名を変えたり、また話型の下にさらに亜型（サブタイプ）を多く設けたり、独自の視点を打ち出している。

＊　　＊

さて、本書は以上の日本昔話分類にもとづいて、昔話全体を俯瞰しようとして構成を立てた。次に、それぞれの論文内容を簡単に紹介する。

「植物と動物の昔話」は、いわゆる動物昔話に分類されるものから、植物と動物の昔話を取り上げたものである。花部英雄「植物昔話」は、これまで認知されてこなかった植物昔話について、昔話としての意義とその世界を概観したものである。その中から「弟切草」と「煙草の由来」の話について言及している。齋藤君子「シベリアの動物昔話」は、シベリアの狩猟民族の昔話を話題にする。狩小屋で語る昔話は、人間の聞き手にではなく、そばに寄ってくる動物の精霊に語り聞かせるのだという。歌うような語り、儀礼性、強者を智恵で負かす内容等に特徴があると言い、動物昔話を数例紹介する。

「異類との婚姻」の項のうち、樋口淳「異類婚姻譚」は、まず異類婚姻譚の特性を明らかにし、日本の「蛇聟入」「豊玉姫神話」と世界の同種の昔話との関係にふれる。さらに専門とするフランスの昔話を中心に「アモールとプシケ」と「メリュジーヌ」、他にも「熊のジャン」「天人女房」などを取り上げ、国際比較の立場から概説していく。小池淳一「狐女房譚のかたちと歴史」は、「狐女房」の話型の確認とこれまでの研究を踏まえた上で、具体的な昔話を例に上げて、伝説「女化稲荷」との交錯を確認する。そして、中世の『簠簋抄』という陰陽道の書物に登場する狐を話題にしながら、狐の信仰や言説、さらには狐の文化史的意義を説く。

「誕生と成長」の川森博司「誕生譚と運命譚」は、昔話の話群「異類婚姻」「異常誕生」「運命譚」の概説からはじめる。その概念を柳田國男の昔話観をベースにしながらていねいに説明する。さらに昔話をめぐる動物観やジェンダーの問題、社会の変化と昔話、そして運命譚に底流する女性の力、などといった知見が披瀝される。黄地百合子「少女の成長を語る継子譚」は、まず日本の継子話を書承、口承の両面から紹介し、続いてグリム童話や中国、アジアへと及ぶ。そして継子譚研究の諸説を上げながら、思春期の少女の揺れる内面を描いた継子譚のうち、米福粟福系は母からの、姥皮系は父からの成長の物語として読み解いて示す。

「笑話」には三様の笑い話論がある。松本孝三「「愚か村話」の語られた時代―「雲洞谷話」「在原話」「下田原話」を中心に―」は、まず全国にある「愚か村」伝承を紹介しながら、続いて自ら採集した話を地理環境からとらえ、愚か村とすぐ周縁にある町場との文化・経済落差の問題としておさえる。その構造は近江の山間部も、白山の山地にても同様であるが、白山の場合は愚か村内部においてもさらに「愚か集落」が入籠《いれこ》状にあると指摘する。最後にこの種の笑いを否定的に見るだけではなく、物乞いの民俗や反骨精神の面からの評価も忘れない。小林幸夫「「和尚と小僧」譚の源流」は、笑わせる側の頓知話を話題にする。笑話にある「和尚と小僧」や「西行話」が伝承世界だけでなく、通底する笑いが江戸の書物には多くあるとする。そして、こうした笑いと文芸の問題は単なる話の世界だけではなく、連歌の席の趣向や僧院の内部といった現実と結びついてあると説く。さらには笑いの提供者としての座頭や小僧を、神の祝福芸に連なる存在であることを指摘する。

小堀光夫「悪の昔話—「俵薬師」をめぐって—」は、まず巧智譚、狡猾者譚を概観しながら、狡猾者の最たる人物の素行である「俵薬師」を取り上げる。日本の俵薬師の話を柳田國男の研究からひもとき、続いてアンデルセン童話、グリム童話、そしてフランスのウニボス、西アフリカ・フルベ族の悪童、中国のチャンピアオと、悪の主人公を世界から席巻する。なぜ悪意しかないこの昔話が世界的にあるのか、その意味はどこにあるのか。教育界からもそっぽを向かれているこの昔話を、人間内部の正邪のバランスの問題として、宮沢賢治の童話を引きながら、その復権を説く。

花部　英雄

語りの講座　昔話入門　目次

植物と動物の昔話

植物昔話

花部英雄

一　「植物昔話」事始め

柳田、関の植物昔話

日本の昔話分類には、植物が主人公で登場する話型がごくわずかしかありません。柳田國男の『日本昔話名彙』や関敬吾『日本昔話集成』では二、三話収載されているだけです。その点では昔話世界から等閑視されているといってもいいかもしれません。名彙（『日本昔話名彙』）および集成（『日本昔話集成』）の両方に深くかかわった関敬吾は、集成を増補した『日本昔話大成』「第一部　動物昔話の序」の中で、次のように記しています。

柳田國男は動物説話、天然説話という用語を用いたが『日本昔話名彙』では鳥獣草木譚といった。わが研究者の間でもこの語を使用する者は少なくない。animal tales, Tiermärchen と柳田における鳥獣草木譚の意味と範囲にはかなりの径庭があることはいうまでもない。動物昔話のなかには草や木が主たる行為者となっている話はほとんどない。かえって事物が事件の担い手となるものがある。同じく由来を説く草木譚は『伝説名彙』のなかに、小鳥の由来譚は昔話とし、雀孝行以下二〇余の小鳥前世譚は『昔話名彙』のなかに組み込まれている。

関によれば、柳田國男は草木譚を伝説とみなし、植物の由来を説くものであるといった認識を示しています。そのことは柳田自身も、「傳説は古い國土の自然に生い茂つた椿や松や杉の様である。（中略）人はよく傳説と昔話を混同する。然し学問はこの二つを区別する。傳説が植物なら昔話は小鳥に似て居る。何処へでも「昔々ある所に――」と云ふ同じい姿で飛び歩いてゐる。昔話には形式があるが、傳説は形もなく簡素で前も後ろもなく、唯内容だけが傳はつてゐる」（「傳説とその蒐集」昭和四年）と述べていることからわかります。「唯内容だけ」というのは、形のない由来を説明するだけということになるかもしれません。

ただ、こうした理解は、柳田のもとで昔話研究を始めた関敬吾においても大きく変わっていないように思われます。昔話の表現形式を単純と複合に分け、単純形式に属する動物譚のうち、「獣類・鳥類に関するもののうち人間的行動をとるものは、これまでの規定にしたがうと動物昔話である。植物に関するものは宗教的信仰と結びついてきわめて多く採集されている。岩・石・山・谷・坂・峠・池・沼などの伝説も多い。これまでの規定にしたがうと、伝説と呼ばれるものは、とくにこの種の形式の伝説であった」（関敬吾著作集5「民話Ⅱ」）と述べているところから知ることができます。柳田が植物に喩えて、その由来を説くものとした植物譚を、関敬吾は単純形式で「宗教的信仰」の強いものととらえています。いずれも活動的・物語性のある昔話とは異なるものとしてこれを伝説に組み入れることでは共通しています。

ところで、ここで問題となるのは確かに植物昔話にはそうした話もありますが、しかしそれがすべてではないということです。却ってそのように限定してしまうことで見えなくさせてしまうことがあります。植物譚を一括して伝説とした場合に困るのは、植物と人間とのかかわりを語るナイーブで悲劇性のある内容などが捨象されてしまう危険があるからです。

伝説分類と植物

そのことに触れる前にいくぶん回り道になりますが、柳田が『日本伝説名彙』において地物を目安に伝説を分類した時のことを問題にしてみます。柳田は伝説分類の基準について、「解説の為には第二のもの、たとえば発生の順序による分類などを、採用する方がよいかもしれません」と、柔軟な姿勢を示しながら、伝説の歴史が地名や事物等に残されるという認識にもとづき、系統的分類を見越して事物に即した分類を立てました。

この柳田の地物による伝説分類に対して、後の研究者の間に批判が起こり、伝説をコト（信仰）に偏重したものとしてコトバの復権を唱えて『日本伝説大系』の「文化叙事伝説」の分類が出現したことは記憶に新しいことといえます。伝説を信仰ととらえることで、そこから物語や説話的要素が捨象されてしまうという危機感は、いうなら植物譚を伝説ととらえる場合においても同様です。植物譚には物語性がないと決めつけてしまいかねないからです。いや問題はそれにとどまらず、物語性の欠落と同時に植物を信仰的事実に収斂させてしまうことで、人間や人間生活とのかかわりの多様性を減じてしまうことになります。植物は地に根をはり動かない分、動物に比して行動に乏しい印象があり、そしてまた食材等の生活素材として人間が一方的に利する立場からのみ関わっているように見られがちです。

しかし、植物譚を見ていくと動物譚とはちがった行動形式や物語展開があるわけで、そうした面を独自な形で昔話形式に取り込んでいるのですが、その点をクローズアップしていくことが必要と考えているわけです。植物昔話を事挙げすることでその点を主張してみたいというのが、ここでの問題意識ということになります。

二　植物昔話の種類と分類

植物昔話の話型

それでは植物昔話とはどういうものか、これまで昔話話型として取り扱われてきたものを具体的に確認していきたいと思います。まず『日本昔話名彙』には「煙草の起り」「炭と藁しべと豆」「大根と人参と牛蒡」の三話型が登録されています。「煙草の起り」は、その死を悲しんでいた娘の墓から見知らぬ草が生えてきたのが煙草だという鹿児島県の喜界島の例話が引かれています。「炭と藁しべと豆」「大根と人参と牛蒡」は、それぞれ擬人化された植物などの行動にもとづき、その結果現在の形状になったことを説明します。

関敬吾の『日本昔話集成』ではその中から「大根と人参と牛蒡」をはずし、「豆と炭と藁」は動物社会に、そして「煙草の起源」に、新たに「酸漿と毬酸漿」を加えて動物由来に入れています。「酸漿と毬酸漿」は、姉妹の着物の作り方の違いによってホオズキとイガホオズキの形状になったのだというのですが、死後化生とまで明確に述べていません。『日本昔話集成』の増補版である『日本昔話大成』は、集成をそのまま踏襲し内容に変化はありません。

次に稲田浩二・小澤俊夫編による『日本昔話通観』の『日本のタイプインデックス』の巻では、植物昔話は動物昔話の話群に収められています。動物前世には「たばこと娘」「＊継子菜」「＊みょうがと小僧」「＊醜い草花」があげられ、それぞれ死後植物になったと語ります。動物由来の「＊そばの足」「ほおずきとしっぱご」「大根とにんじんとごぼう」「＊嫁の涙」は、それぞれの形状、色彩の違いの由来を説きます。そして動物葛藤に「＊さんしょうの結婚」「豆と炭と藁の旅」「＊大木の秘密」「＊松の伊勢参り」は擬人化した植物の行動を話題にしています。都合、十二話型が取り上げられています。（＊を付したのは通観で新しく登場してきたものです。）『日本昔話通観』は、柳田、関の説く話の形式や信仰にとらわれずに昔話の枠を広げて話型登録しており、植物昔話の復権を図ったものと評価できます。

東アジアの植物昔話

次に、日本以外の場合も少し確認しておきたいと思います。関敬吾の『日本昔話集成』の分類を参考にして韓国の昔話分類を試みた崔仁鶴『韓国昔話の研究』（弘文堂、一九七六）では、「植物由来」の項目に「葛と藤」「あずきとやえなり」「タバコの由来」「人参の由来」の四話型が登録されています。「葛と藤」は植物の生育分布の違いに触れたもので、他は人間の化生譚になっており、そのうち「タバコの由来」は日本の昔話と共通していますが、他の二つは韓国独自のものといえます。

中国の昔話を分類したエバーハルトの『中国昔話のタイプ』に取りあげられた植物昔話を、『中国昔話集』（東洋文庫、二〇〇七）から見ていきますと、「物と人の起こり」の項目の下に「植物の起源」「稲の起源」「水仙」「アヘンの起源」「大根」「天まで伸びる植物」「交換した植物」の七話型が登録されています。「植物の起源」「アヘンの起源」

は人間への化生、「稲の起源」は稲を蘇らせた犬に対する称賛、「交換した植物」は擬人化したハスと桔藕樹《きつぐうじゅ》の行動、他の話型は植物の習性や形状の由来説明となっています。なお、世界的な昔話を分類したアールネ・トンプソンの「昔話の型」には、植物昔話は295番「豆と藁と炭」が唯一登録されています。国によって植物との交渉、植物観賞に差異のあることがわかりますが、ただ植物譚を昔話と認定している事例は、けっして多いとは言えません。

ところで、わたしが野村純一先生の監修の下で「いまに語りつぐ日本民話集」（作品社、一九九九〜二〇〇三）の編集をまかされた時に、昔話の概念を広げる意図で植物と魚貝をそれぞれ単独で巻構成してみました。そのうち植物の昔話を六十一話集めて、『おしゃべりな植物たち』のタイトルで一巻作りました。次にその内容を例にあげながら、植物昔話を概観していきたいと思います。

三　『おしゃべりな植物たち』の植物昔話

植物昔話とは何か

さて、その『おしゃべりな植物たち』の巻頭の「はじめに」の中で、植物の昔話だけを集めて巻構成する意図について次のように述べました。少し長い引用になるが、参考のために取り上げます。

掲載された植物の話の中には、粗けずりなものや単純でストーリー性に乏しいものもある。しかしそれが植物の昔話の特徴でもある。植物の形状や生態の由来を説いた話は奥行には欠けるが、その植物の本質をとらえている。それは科学的な説明の言葉とはちがうが、庶民の仕事や暮らしの中での観察に基づいた実感である。植物との相愛や結婚、その破綻、さらには死後の化生など、植物と人間との豊富な関わりを示す話をみていくと、植物が人間にどのように受けとめられているのかが見えてくる。そうした植物のイメージが話の中から浮かびあがってくる。なぜ、そうしたイメージを昔話に刻むのだろうか。植物のリアルな観察に基づく話が、農業を営むための貴重な知識獲得の機能を果たしている面もある。しかしそれも含めて、自然としての植物を人間の文化に位置づけ解釈しているように思われる。親しみと驚きの言葉で、植物を人間世界に抱え、取りこむ作業のようである。それは植物を摂取しながら共存していくための、人間の知的な好奇心のなせるわざといえるのかもしれない。

わたしたちの暮らしは一見すると、植物を生活素材や食物摂取という形で一方的に利用するだけのように見えます。しかし内側へ入って、一つ一つの植物の昔話に触れていくと、植物が多様なあり方でわたしたちの暮らしと深く関わり、暮らしに彩りを添えていることがわかります。植物の声に謙虚に耳を傾け、慰め、愛《いと》おしむようにして、その心を昔話の形式に取り込んでいることがわかります。したがって、成人の必要な社会知識といった伝説に分類するのではなく、感性に訴える情感豊かな昔話に所属させるのが適切と思われます。

そこで、そのような視点から植物昔話を、植物の種類や特性を中心にして「かなしみを秘める草花たち」「ふしぎな形を説く草木たち」「陽気な野菜・穀物たち」「思いをのこしていく草木たち」「由来をかたる植物たち」の五つに分類整理してみました。それぞれの内容を確認していきます。

悲しみと不思議を説く草花

最初の「かなしみを秘める草花たち」には、草花と人間の男との淡い交情を中心とした内容の昔話で月見草、山百合、菊などが登場します。朝草刈りの男の上手な歌に、あるいは男の優しさに魅かれた花の精が、男と契りを結ぶが、はかなく別れてしまいます。動物昔話における「異類女房」の話は、男に正体を見られて（「見るなのタブー」の侵犯）人間界から去っていきますが、行動力の乏しい植物の女性は咲いていた場所で静かに枯れ果ててしまうという結末を迎えます。

「弟切草」については、次章で取り上げますが、「蛇草」（笑話の話型「とろかし草」）や「蓬」「蛙草」「ねこあし草」などは、それぞれ薬草の役割を担って登場してきます。植物の成分や効用が、話を構成するためのインパクトになっていることがわかります。薬草ではないが「一人静」は、里を離れた山陰に生えていること、またモグラと離別した名前なしの地を這う草は、他と異なる習性が話を引き寄せたといえます。

続く「ふしぎな形を説く草木たち」に登場する昔話は、みな特別な形状を説くところに主眼がおかれています。ホオズキの実が赤い夕日の色をしているのは、秋の日がホオズキを宿にしてやって来るから、という語りには野辺の詩情が漂っています。また、その実を萼《がく》が半分しか覆えずに尻を出しているイガホオズキは、裁縫を怠けた結果だと説かれるのは、農婦の針仕事の反映といえるかもしれません。きめ細かい植物観察といえます。

ゴマノハグサ科の飯子菜《ままこな》は、二粒の白い飯粒状のものを葉に乗せた特異な形が人目を引くせいか、ヨメノナミダ、花いかだ、泣き菜、継子菜などと方言の呼び名も多い。継子いじめのモチーフを話の軸にした、バリエーション豊富な展開をとります。一風変わった姿、形に物語を求めるのは自然な心理の働きなのでしょう。すべすべした肌のアカザ、十六片の菊、急に消えたニチイの木なども不思議な物語構成といえます。萩の背丈が低いのは弘法大師に踏まれたからとする「萩が背のびないわけ」の話は、笑話の「西行の跳ね糞」として広く知られています。西行にウエイトを置くか萩に置くかで、ジャンルを異にすることになるのでしょう。

陽気な野菜たち

次は「陽気な野菜・穀物たち」ですが、わたしたちの生活に野菜や穀物は欠かせない必需品です。とりわけ生産者である農民たちが、その作物の特徴をどのようにとらえているか興味深いものがあります。例えば「人参とごぼうと大根」は入浴場面のエピソードから話を構成したもので、一番先に湯の温度も確かめず慌てて入ったニンジンは体が真っ赤になり、ゴボウはすぐに出たので黒いまま、大根は長湯できれいに洗って出たので白くなったといいます。容姿の差異をみごとにとらえた逸品といえます。グリム童話にもある「そら豆の黒いすじ」は、伊勢参りの途中の出来事を取り上げ、また「大根とねぶかと仏様」は芝居見物を話題にしています。ハレの行事を心待ちにする庶民の日常が生みだした話といえますし、擬人化した植物社会を通して、植物への親近感や知識を深める説話構成となっています。

植物になってしまったものたち

「思いをのこしていく草木たち」の基本的パターンは、生前の苦渋の思いが、今の形態になったのだと、いわば懺悔のような形式を用いて訴えます。タバコは後で話題にしますが、植物の特性をとらえた山椒や南蛮のすれ違いの人生には一抹の哀歓があります。「嫁の皿の起こり」は嫁いじめにあった怨念が、黒色の実のイヌツゲの木に化したという凄惨な話です。「三十三間堂の棟木」は浄瑠璃や歌舞伎でも有名ですが、この話の最後は娘と契った柳の精のプライドにより、結局燃やされてしまうという珍しい結末をとります。

最後の「由来をかたる植物たち」は、なぜ植物がそのようになったのかの由来を語る内容になっています。それぞれ個性的な植物が、植物社会のできごとや人間であった生前のことなどを語ります。「宵待草の独り言」は、宵を待って咲く孤独な宵待草のつぶやきに、お月様がやさしく語りかけるというしみじみした内容です。「バッケ」とはフキノトウの方言で、雪に埋もれた若い男女の化身に見たてられます。「あやめになった婆」は、恋人に死なれた娘が生涯独身を通してあの世で再会するが、死んだ時との年齢差が障害となり、結局恋は実らずにあやめに化したという切ない内容で、人生の不条理といえるかもしれません。

植物昔話の特質

以上、「おしゃべりな植物たち」の簡単な説明でしたが、多彩な植物昔話の輪郭がつかめたでしょうか。最後に、植物昔話の特徴を三つに分けて整理しておきたいと思います。

(1) 植物昔話は、人間の目から見た植物の形状およびその生態の不思議を物語化したものだといえます。素朴な博物知識にもとづき、生活者の目で植物の特質をとらえて表現したものです。

(2) 人間生活にとって必需品である食料や嗜好品、薬草、生活素材など、植物の栽培や利用にもとづいた観点からの物語構成であります。話の基調にあるのは、植物と人間との共生をモチーフにしたテーマで貫かれています。

(3) 植物昔話で取りあげられる話題には、動物昔話と同様に、人間社会の顕著な一面を植物社会に投影させ戯画化し確認している面があります。人間は、究極的には人間にしか興味を持っていない存在ということになります。

四　弟切草と鷹

「弟切草」の伝承傾向

植物昔話を概観したところで、少し気になる話について追究し、植物昔話の特性を考えてみたいと思います。その一つが「弟切草」です。物騒な題名ですが、内容もその通りで弟が殺されてしまう話です。それでは『おしゃべりな植物たち』に載せた、山形県米沢市の事例の「弟切草」を引用します。

「萩《はぎ》の両反《りょうぞ》り」じゃ、もと一つ腹を痛めた兄弟が大きくなって仲悪くなるのをいう言葉だと。一つ違《ちが》いの兄弟がおって、よそ目には仲良く暮しったもんで、村の人達は「御神酒徳利《おみきどっくり》」だとひやかしていたもんだと。いよいよ年頃《としごろ》になって、兄弟の前にいい女が現わったど。たちまち二人ともこの女にすっかり恋《ほ》れてしまって、日頃の仲も何の役にも立たなくなって、ある日、とうとう切合いをしてしまったと。ふと気付いたときには、足もとさ弟が血にそまって倒《たお》れてしまっていだっけと。夢《ゆめ》からさめた兄は弟の墓《はか》の前さ立って、手を合わせたと。

その弟の塚《つか》の上さ、見も知らぬ草花が咲いていたと。小さな黄色のかれんな花だったと。こいつが弟切草《おとぎりそう》で、切傷《きりきず》の妙薬《みょうやく》となったのは、兄が弟を殺《ころ》してしまったのが悪かったとて、墓参りをするのを神さまが見届《みとど》けて下さったからだと。とうびんと。（山形県米沢市　安部忠内）

現在、わたしの手元にこの弟切草の話は十例あります。それに文献資料の『和漢三才図会』を加えて、これを一覧表にしましたので、それをもとに分析し考察を加えてみたいと思います。まず、伝承分布を見ますと、東北地方および新潟県に多く報告されていますが、西日本にはわずかではあるがないことはありません。これまで昔話として話型として登録されてこなかったので、採集および報告される機会がなかったのが大きな要因だろうと思います。

オトギリソウ

さて、この話はすべて共通して兄が弟を殺します。その殺す動機に、薬草である弟切草の発覚を恐れてというのが五例（⑥⑦⑧⑩⑪）あります。他は兄弟の喧嘩や争いからが五例（①②③⑤⑨）、④の本宮町の例は「時鳥と兄弟」のモチーフで、弟から貰ったおいしい食べ物についての猜疑心から殺します。発覚の恐れ以外の殺害理由にはささいなことによる喧嘩など、多少取ってつけた感があり、説得力に欠けます。つまり、初めに「弟殺しありき」があり、弟切草の草名から話が作られている印象があります。

「弟切草」一覧表

	伝承地	殺害動機	薬効発見	備考	資料集名
①	岩手県遠野市	弟が教えないことで殺害する	唐に修行に出て知る	液が赤くなる	遠野の昔話
②	山形県上山市	兄弟喧嘩から弟を殺す	咄嗟に草を付けて蘇る	—	佐藤家の昔話
③	米沢市	兄弟同士の女を廻る争い	墓から生える	萩の両反り	雪女房—置賜昔話集—
④	福島県本宮町	弟の腹を裂く	—	—	本宮町史
⑤	山都町	弟が嘘をついているとして殺す	鷹が草で傷を治す	弟は鷹使い	会津・山都の民話
⑥	下郷町	弟が鳥の傷を治しているのを見る	—	—	会津・山都の伝承
⑦	新潟県新発田市	幼い弟に薬効を見られてしまう	トビヒの治る草を発見	—	北蒲原昔話集
⑧	上越市	弟が兄鷹師の競争相手に告げ口する	鷹が傷を治す	鷹師せいらい	新潟県上越の昔話
⑨	岡山県神郷町	兄に弟切草の水を与え喧嘩になる	—	—	奥備中の昔話
⑩	香川県綾上町	弟が他人に告げる	兄が山で傷口につけ治る	—	西讃岐地方昔話集
⑪	（場所不明）	弟が外部に漏らす	鷹が傷を治すのを見る	晴頼の鷹飼い	和漢三才図会

弟切草と鷹飼い

次に、弟切草の「薬効発見」の理由について考えてみます。鷹が傷の手当てをしているのを見てというのが三例（⑤⑧⑪）、偶然に傷が治ることを知ったというのが三例（②⑦⑩）、①は唐に修行に行った折に、③は死んだ弟の墓から生えてきたとあり、他は特に触れていません。鷹の行動から知るというのは無理がないが、偶然や咄嗟に知ったとするのには多少不自然さが残ります。鷹が傷を治すのを見て薬草の効能を知り、その秘密が他人に洩れることを恐れて、口封じに弟を殺すというのが、物語の要諦ということになるのではないでしょうか。その要件を完全に満たしているのが⑧と⑪です。歴史的な資料ということを加味していえば、⑪の『和漢三才図会』が本来という見方ができ、他はその変化過程といえるかもしれません。ちなみに『和漢三才図会』を引例しますが、記事の最初に弟切草の植物学的知識について触れ、その後で次の話が続きます。

伝えによれば、次のようにいう。花山院（九八四〜九八六）の御代に、晴頼《せいらい》という鷹飼《たか》いがおり、業《わざ》に精通していること、神のごとくであった。彼は鷹が傷をすると草を挼《も》んで患処につける。するとたちまち傷が愈《い》える。人がその草の名を教えてくれと乞うても、秘して言わなかった。ところが家弟が密かにこの草の名を外部の人に洩らした。晴頼は大へん忿って弟を刃傷に及んだ。これ以来、鷹の良薬の草が知られ、これを弟切草という、と。

（『和漢三才図会17』東洋文庫、一九九一年）

伝承事例の⑤⑧に鷹や鷹師が出てくる必然性が、この『和漢三才図会』を見ることで理解できます。江戸の俳諧書『毛吹草』に「薬師草弟切草共鷹のむつけたるに用る草と云花当月也」とあり、衰弱した鷹の療治に利用されていたことがわかります。そのことを含めて考えれば、弟切草の昔話が鷹の飼育や鷹狩りにかかわった人たちが持っていた伝承という見方は蓋然性が高いように思われます。そして、晴頼や鷹とのかかわりが薄れてきた段階で、強烈な弟切草の名前に特化して、さまざまなヴァリアントが登場してきたと言えるのではないでしょうか。

五　煙草の起源と一目千両

「煙草の起源」のタイプ

もう一話、問題とする植物説話は「煙草の起源」であります。これも一覧表にもとづきながら見ていきますが、管見によれば十二例と、これも多いとは言えませんが全国的に散見されます。死体の埋葬場所から煙草が生えてくるという結末は同じですが、そこに至る展開の違いによって、二つのタイプ（AとB）に分けることができます。

Aタイプは、最も近しい関係にある人を亡くした喪失感から墓場で偲んでいると、そこに煙草が生えてくるというものです。これに対してBタイプは、煙草が生えてくる部分は同じですが、話の前半において一目千両で美女の姿を見せてくれるというモチーフを含むものです。手元の資料では五例確認できます。A・Bタイプの先後関係を問うなら、Aが先で、それに一目千両モチーフが結合してBタイプが形成されたとするのが、説話構成の上からみて無理のない解釈といえます。

それは歴史、伝承的な面からもいえます。Aタイプに近い話として『今昔物語集』巻三一の二七話「兄弟二人、萱草と紫苑とを殖える語」があります。父の死を悼む兄弟二人のうち、兄は公務に差し支えることから悲しみを忘れるために萱

たばこ

「煙草の起源」一覧表

	伝承地	登場人物	物語展開	タイプ	備考	資料集名
①	福島県	仲のいい夫婦	妻のタンバコが早世し、墓から煙草が生える。毒の脂を豆腐と味噌が消す	A		河童火やろう
②	新潟県南蒲原郡	貧乏娘と殿様	病死した娘の埋め場所から煙草が生える	A	其の一	柳田國男未採択昔話聚稿
③	新潟県南蒲原郡	番頭と美女	一目千両の美女。その美女の死に場所から煙草が生える。女は一度現れる	B	其の二	柳田國男未採択昔話聚稿
④	新潟県南魚沼市	若旦那と美女	一目千両の美女。三千両で扇子の絵を貰う。妻が針を刺し死ぬが煙草に化す	B	松山鏡	雪国の女語り
⑤	岐阜県郡上郡	娘と男	見染めた男に手紙を書く。娘は焦がれ死に、墓で霊に遭う。煙草が生える	A	播磨糸長	西川村内ヶ谷昔話集
⑥	岡山県	侍と島の娘	将来を誓うが女は病死。墓から煙草が生える	A		砂鉄の村の民話
⑦	香川県	出稼者と美女	一目千両の美女。三千両の礼に盃を貰う。海老が出て、三千両で売れる	B		徳島県井内谷昔話集
⑧	香川県	村の男と美女	一目千両の美女を三度見る。嫁さんになるが、その後は不明。煙草に化す	B		祖谷山地方昔話集
⑨	香川県三好郡	世持ちと美女	一目千両の女と暮らす。女の絵姿を人に見せ女は死ぬ。墓から煙草が生える	B		昔話研究／三好郡昔話
⑩	鹿児島県奄美市	離縁後の夫婦	分限者の前妻と乞食の前夫が再会。前夫の埋めが場所から煙草が生える	A	炭焼長者	久永ナオマツ媼の昔話
⑪	鹿児島県喜界島	母と娘	娘の墓から煙草が生えてくる	A		喜界島昔話集
⑫	沖縄県	親と子	一人子が死に、墓から煙草が生える	A		伊良皆の民話

草を、弟は忘れないために紫苑を植えます。この説話の場合には死体からの化生は説かず、逆に死者との交流のための植樹（草）ではありますが、いずれにしても死者との絆をめぐる場合に植物が介在しています。現在でも死者供養や霊の慰撫に植樹や献花が行われるのは、人間の死と植物との関係の一面を示すものといえます。ところでこの今昔の説話に、『万葉集』に出ている「わすれ草」の歌二首を関係づけて解釈した、『俊頼髄脳』（源俊頼）の「わすれ草と鬼のしこ草」という和歌説話もあります。

煙草が日本に入って来るのは慶長の頃といいます。それを植えて煙草が生産され、一般に嗜好されるようになるのはもっと後ということになります。煙草の起源の話そのものは、そんなに古く遡ることはできないだろうと思いますが、ただその底流にある植物の人間への化生譚は、ナルキッソスや虞美人草の例など、古くから世界的なモチーフといえます。

次に伝承の面からいえば、「煙草の起源」の話は韓国では昔話話型として登録されており、また台湾の『生蕃伝説集』に、類話が三話掲載されています。また、中国には「アヘンの起源」という類話があることはすでに述べました。このように近隣国にも伝承されており、いうならば植物化成譚は東アジア文化圏の基層にあるものといえます。そのことをふまえれば日本の「煙草の起源」のAタイプが根底にあり、これにBタイプが説話構成されたものと考えるのが自然かと思われます。

一目千両の娘の価値

ただし問題は、Bタイプの一目千両モチーフがどのようにしてここに収まったのかです。この一目千両モチーフは、昔話「話千両」の亜流であろうことは容易に想像がつきます。その「話千両」の昔話は全国的に多く分布していることからして、これをもとにしたと考えて問題ないだろうと思われます。江戸に働きに出て貯めた三千両で三話の話（大木より小木、ごちそう食うたら油断すな、短気は損気）を買い、その格言のお陰で思わぬ事故等をまぬがれ無事帰宅したという、格言の肝要を説いた話であります。ただ趣向は同じであるとしても、話千両は我が身および妻の救済につながるのに対し、一目千両の美人の瞥見は一瞬の喜びであるとしてもあまりの蕩尽といった印象が避けられません。そのうえ現実的な見返りは皆無であり、結局女を死に導くことになってしまうだけです。

しかし、見方を変えればそれが煙草の起源を説く有効な手段といえないこともありません。人体への害悪が強調されることのなかった社会では、煙草は貴重な嗜好品として扱われていたでありましょう。煙草の発見が三千両の価値として十分につりあいがとれていたのではないでしょうか。それは最愛の人を失った深い喪失感（対象喪失）に見合う対価といえます。煙草の化生を近親者の死で説くのがAタイプとすれば、Bタイプは赤の他人の死で説くもので、その場合に三千両という額が必要だったということではないでしょうか。それがこの昔話のリアリティーを保証しているといえます。近親者の死という悲劇性のトーンから、貨幣を取りこんだ物語展開の興趣へと装いを改めていったのがBタイプだといえます。

きんちく、かんちく、からかんちく

最後に一つ、気になっているが十分理解できないことがあります。⑤の事例についてですが、参考のために引用します。

おつかさんがあつて娘を連れて、薬になる湯に入りに行くぢゃつて。湯に行くと好いた男があつたげな。男は「いゝ娘ぢゃが、あの婆さんについて居にや、しやべつて見たい。」と思つてゐた。娘も「一遍あの男と話して見たい。」と思つてゐたと。

おつかさんと娘は湯に入りに行つた。その男の人は休んでゐて一寸昼寝をした。娘はお母さんが連れ廻るもんぢゃで話が出来んで、手紙を書いた。来て見ると男の人は休んでゐるで、そつと懐へ手紙を入れて置いた。男が起きて見ると娘もお母さんも居らんで、しまつたと思つて、しみったれでも直いて（身じまひでも整へて）追つて行かうと思つて、しみったれを直いて見ると懐から手紙が出たで、読んで見たげな。

恋しくば訪ねてござれ。三山《みやま》越えて七山越えて、十山向かふに、朽らずばしが一膳はん。冬来る風はこれ御座れ。南無阿弥陀仏はその向ふ。

と書いてあつた。

男はこれで三山、七山と勘定して十山越えて行つて見たら、山を下りついた所に石の橋が三つかけてあつた。そこに扇屋があつて、向ふに珠敷屋があつた。こゝぢやと思つて扇子をあつちへとり、こっちへ取りして、見て居つた。番頭が聞いて見ると、「湯屋でちよつこり見たが、娘さんに逢いたい。」といふと、「あの娘さんは死んでなぬか目ぢや。」それで男は腰を抜かして哀んで、墓場を教えてくりよ、と教はつて墓場へ行くと、その通りの娘さんがぼうと出て来て「一寸も来ておくれんが恋に焦がれてしんでしまつた。極楽から責めを持つて来て、草を植えておくに、いかいことしとねて（大きく育てゝ）刈いて蔭干しにして、細かに刻んで、きせるでついてのんで、俺のことは忘れくりよ。」と云つて、ぽかつと消えてまつた。いかい薬が出来て、蔭干

しにして刻んできせるにつめて、のんだて煙草の始めぢやげな。それで、
この煙草一段のことにつけては、きんちく、かんちく、からかんちく、たけだん竹と申さうか、孟宗竹と申さうか、孟宗竹と申すなら、衣川に火を置いたるそうが為め、煙草は長崎太郎左ヱ門のおとが姫の御手先よりまします。一服の頂戴。
と云うて、ほめて喫むものぢゃ。これもちょっぴり木のこあし。

この話は昭和十一年に、牧田茂が岐阜県西川村内が崎の丹羽まつから聞いたものです。この話は、一目惚れした女のもとを男が訪ねていくという「播磨糸長」型の展開をとっています。「煙草の起源」の昔話には、これまでに述べた「一目千両モチーフ」以外にも、たとえば④は「松山鏡」、⑩は「炭焼長者」などの趣向を取り入れています。話の興趣を高める工夫なのかもしれません。

ところで、ここで問題にしたいのは、話の最後にある文句であります。すなわち「この煙草一段のことにつけては」以下の言葉がどんな意味を持っているのかです。テンポよくリズミカルな口調のこの言葉がなぜここに付けられているのか、煙草の由来を説明しているこの口上のような言葉が何を意味するものかについて、今は追究できる材料を持ち合わせておりません。残念ながら今後の課題としてとっておかざるをえません。

〔参考文献〕
小堀光夫・花部英雄編『おしゃべりな植物たち』(「いまに語りつぐ日本民話集」動物昔話・本格昔話4、作品社、二〇〇一年)

小堀光夫・花部英雄編『木や草の伝説』（「いまに語りつぐ日本民話集」伝説・現代民話1、作品社、二〇〇三年）
日本民話の会・外国民話研究会編『世界の花と草木の民話』（三弥井書店、二〇〇六年）

シベリアの動物昔話

齋藤君子

今日はシベリアの動物昔話についてお話しします。動物昔話とはなにかというと、これがたいへん難しい問題です。動物が主人公の話ということになるのですが、動物だけでなく、例えばナイフや臼といった道具も出てきます。日本の「猿蟹合戦」に臼が出てくるように、シベリアの動物昔話にも道具が出てきます。登場するのは主に動物と道具、それに植物、ほとんどは動物です。人間が登場しないわけではありませんが、人間は主要な登場人物ではありません。

シベリアの動物昔話と一口に言いましても五〇もの民族があり、生活様式もそれぞれ異なり、住んでいる地域も広大ですから、話も当然違います。ですから、シベリアの動物昔話とはなんぞやというのはあまりに大きなテーマであって、一言で答えることはできません。今日はその中のほんの一部ですが、みなさんとお話を検討しながら、こんなふうに考えられるのではないかといったことをお話ししたいと思います。

最初にシベリアの昔話の分類ですが、まず〈動物昔話〉があります。これはどの民族にもあります。次に、ロシアの用語で言うと〈世態昔話〉、これは〈現実昔話〉ともいいます。世態というのはわれわれの日常の暮らしぶりのことですから、日常の暮らしを反映した話ということになります。日本でいえば笑話に近いのですが、笑話だけではないので、ロシアでは笑話という呼び方はしません。

昔話とは別のジャンルになりますが、シベリアには〈英雄叙事詩〉もあります。〈英雄叙事詩〉といえば、みなさんはアイヌのユーカラを思い出されるでしょう。〈英雄叙事詩〉は歌と語りの中間のような、独特の語り方をします。多くの場合、登場人物の台詞部分はうたい、地の部分は散文体で語ります。昔話はそれとは違って全体が散文体ですが、昔話には昔話の語り口があります。ストーリーは〈英雄叙事詩〉でも、通常はうたうところを散文体で内容だけを伝えることがあります。そういうものは昔話に分類されます。〈英雄叙事詩起源の昔話〉とでもいうべきものです。

わたしはいつも日本の昔話とシベリアの昔話、それにロシア民族の昔話、この三つを比較して考えます。ロシア語はヨーロッパの言語です。アールネ・トンプソンによる昔話分類は一応世界の昔話を対象にしていることになっていますが、ヨーロッパの昔話中心の分類であることは明らかです。したがって、日本やシベリアの昔話をこの分類方法に当てはめて分類しようとしてもうまくいきません。

日本の昔話とヨーロッパの昔話のどこがいちばん違うかというと、魔法昔話です。ヨーロッパの魔法昔話は日本の本格昔話と共通する部分はもちろんあります。では、ヨーロッパの魔法昔話とはどんな話でしょうか。構造を分析すると、ひじょうに単純な構造を持っていることがわかります。貧しいけれど人のいい主人公、ロシアでいえば「イワンのばか」のような若者で、ふだんはうだつの上がらない若者、それがなんらかの理由で旅に出ます。旅の中でさまざまな苦労をし、呪力のある物を手に入れます。あるいは超能力を持った援助者を獲得します。そして、援助者や呪物の力を借りて遠い遠い国へ着き、敵と戦って勝利し、その国に捕らわれていた王女を連れ帰ります。国に戻った主人公は王様の後継ぎになり、王位を継承します。これが魔法昔話の典型的なストーリーです。こういう話はヨーロッパの昔話特有のもので、典型的な魔法昔話は日本には存在しません。おもしろいことに、シベリアの先住民族にもありません。シベリアで筋がそれに近いのは英雄叙事詩です。英雄叙事詩の粗筋はまさに今言ったヨーロッパの魔法昔話に近いものです。ここで、サハ民族の英雄叙事詩の録音を聞いていただきましょう。

※【サハの英雄叙事詩の録音テープ部分を聞く。】

英雄叙事詩の場合、物語の中に登場する主人公が語りの場にいて、この辺に座っていて、自分の物語を聞いていると考えられています。語り手も聞き手もそう思っています。その場にいるのです。物語の精霊もその場にいます。それに、動物を支配している、日本語でいえば「神様」、ロシア語では動物の「主《ぬし》」といい、精霊のような存在ですが、それもその場にいます。みんな語りを聞くのが大好きで、英雄叙事詩を聞いているのです。昔話についても同じです。語り手が下手な語りをしたり、間違えたりすると、彼らは腹を立てます。主人公が、「俺の話をなんであんなに間違えて言うのだ。とんでもない。俺はそんな卑怯な人間じゃない」と……。下手な語りをしたことが原因で語り手が罰せられて病気になったり、短命になったり、獲物が獲れなくなったりすることもあるそうです。語るということは聖なる行為であり、責任を伴う行為なのです。ですから、一人ではなく何人かで狩りに行くときは、かならず語りのうまい人を自分たちの仲間に加えようとします。自分たちの仲間に加えたがるのです。狩りの時は狩りの小屋に泊まります。日本の山小屋みたいなところです。小屋に着いたら、かならずその晩は語りをしなければなりません。その土地の精霊たちや動物の主《ぬし》たちに語りを聞かせるのです。良い語りをすれば、ご褒美としてたくさんの獲物に恵まれます。あるいは、集まった精霊たちが話に夢中になって、自分の支配下にある動物の管理がおろそかになるので、猟がしやすくなるとも言います。英雄叙事詩も昔話も、狩りとの結び付きがたいへん強いことがわかります。

一 語りの場

どんなときに語るのかということですが、最初にアルタイ民族の例を挙げます。モンゴルに近いところに住んでいる民族です。この民族は私たち日本人とよく似た顔をしています。ここでは昔話を語るのはもっぱら冬です。これも日本と同じですね。冬というのは新しい年と古い年が入れ替わる、新旧交代のときです。そのときが一年でいちばん怖いときです。世の中が変わるわけですから。そういうときに昔話を語って、精霊たちに捧げるのです。年に二回催される祭りの場でも昔話を語ります。アルタイは山岳地帯です。アルタイの山の主《ぬし》を祝福する祭りの場で語りが行われます。狩りの前夜に語りをすることは先程、すでにお話ししました。さらに、葬式の場でも語りをします。

次にマンシという民族の例を見ましょう。マンシはウラル山脈の東を流れるオビ河の中流から下流にかけて居住している民族です。マンシに近い民族にハンテという民族があり、二つの民族をいっしょにしてハンテ・マンシと呼ぶこともあります。ここでも人びとは狩猟中心の生活をしていて、語りをするのはやはり冬です。一一月中旬から三月中旬までです。ここでおもしろいのは、昔話が老人のための一種の社会保障のような役割を果していることです。少年たちが罠を仕掛けて兎を捕ります。一人前の猟師になる前の子どもには罠猟がいちばん簡単ですから、それをやるわけです。兎が捕れたら、年取って猟に出られなくなったお年寄りたちを呼んで、兎の頭の肉を切り分けます。その肉を食べた老人は昔話を七話語ることになっています。お年寄りを招いてお肉をご馳走し、その代わりに語りをしてもらうわけです。そういう場があったのです。語りをするとき、語り手の助手を務める人が炉に火を燃やし、チャーガという猿の腰掛のような茸、日本でも癌に効くといわれていて、シベリアから輸入されて売られていますが、そのチャーガに火を付けて椀の中に入れ、その火をお守りとしてテーブルの上に置き、語りをします。薄暗い炎を囲んで語るのです。

ここの民族は、ハンテもマンシもそうですが、盛大な熊祭りをすることで知られています。熊祭りといえば日本ではアイヌのものが有名ですが、シベリアではこのハンテ・マンシ、それにサハリンに住んでいるニヴフのものが有名です。アムール河流域のネギダール、ナーナイ、ウデヘ、オロチなどのツングース系民族も熊祭りをします。

ハンテ・マンシの熊祭りも昔話の語りの場ですが、この祭りの場に参加できるのは男性だけで、女性はオミットされます。女性も最初のうちはまだその場にいていいのですが、語りがいよいよクライマックスにきて、聖なる物語の核心部分に差し掛かると、「さあ、女子どもは外に出て!」と言われ、追い出されてしまいます。聞くことができるのは成人男子だけで、語り手ももちろん男性です。語りの場は男性の世界なのです。どの民族でも現代の語り手には女性が大勢いますが、ひと昔前はすぐれた語り手はだいたい男性でした。かつて、語りは男性のものだったとわたしは考えています。

シベリアのフォークロア研究者の多くが、語りは本来男性のものだったと述べています。ところが、男性がだんだん語りをしなくなり、それに代わって女性が語りだしたというわけです。誰も見ていたわけではないですから、確かにそうだったとは言えませんが……。学者がフォークロアを記録しはじめたころは、すでに伝承の最盛期が過ぎていたわけですから。でも古い記録を見ると、まだ男性の語り手が多いことに気づきます。狩りとの結び付きが強いことから言っても、おそらくかつては語りは男性のものだったと言えるのではないでしょうか。

ただし、女性も語りをしないわけではありません。男性が狩りに行っているあいだ、家に残った主婦にもタブーを守るなど、いろいろ守るべきことがたくさんありました。してはいけないこともあれば、しなければならないこともありました。民族によって違いますが、タブーで多いのは縫物をするタブーです。糸を扱うことは混乱させることになります。女性は呪力を持っているので、女性がやることは即、山にいる夫の身に影響します。家の中で奥さんが間違ったことをし、糸をからませて解《ほど》けなくしようものなら、たいへんです。だから夫が狩りに出ている間は、糸を扱うような縫物や織物はしてはいけないのです。このタブーは多くの民族にあります。夜になると、家で奥さんが子どもを相手に昔話をします。そういう話は簡単で短い、子どもが喜ぶような話です。本格的な長い話、とくに先程お話しした英雄叙事詩のようなものは、語り手も聞き手も男性でした。

女性は熊祭りの場から途中で追い出されると言いましたが、男性でも異民族の人間や部外者は参加できません。ロシア人研究者がおもしろいことを書いています。最初に語ってもらったときは、朗々とうたうので書き取りが追いつかないわけです。昔、テープもない時代、研究者は速記で必死になって書き取るわけです。聞きとれなかったところを後で確かめようとして、「ここはどうでしたか」と質問すると、全然違うことを言います。歌ではなく、日常の言葉で答えてもらうと、嘘をつく。つまり、うたったときと違うことをしゃべるのです。そこで、「もう一度うたってください」と要求すると、うたうときはごまかせないので、本来の文句に戻るわけです。余所者には聞かせたくないという心理が働いて、どうやらその語り手は防衛手段を取ったらしいのです。そんなことをロシア人研究者が報告しています。その記録は帝政時代のものですから、当時は語りに対する信仰心がまだ生きていたことがわかります。その当時であれば、私のような余所者で、しかも女の研究者が「聞かせてください」と頼んでも、まともな話は聞かせてもらえなかったと思います。でも、最近は女性が語るようになり、わたしにも語ってくれます。

二　語りの形式

次に語りの形式を見たいと思います。アルタイ民族の例を挙げます。アルタイの語りの形式はたいへん整っています。まず、昔話を始める前にみんなで「アルタイ讃歌」をうたいます。アルタイの山々と精霊たちを讃える歌です。それが済んではじめて、物語にはいります。

「大昔、アルタイにひとりの男がいて、」といった具合に語りはじめます。あるいは、「昔むかしのその昔、いつのことかは知らないが、おそらくはずっと昔のことだろうが、アルタイにカイチ・メルゲンが住んでいた」という具合に語りだします。この二つめの例を出したのは、日本の昔話の古い記録に、「昔むかしのその昔、あったこんだかなかったこんだか知らないが、あったこととして聞かねばなんないえ」と前置きして語る語り手がいたという記録がいくつか残されていますが、それを想起させる前語りだからです。

「アルタイにカイチ・メルゲンが住んでいた」のカイチのカイというのは喉歌のことです。チはそれをする人、すなわち語り手のことをカイチといいます。それと同時に、昔話の主人公もカイチといいます。メルゲンというのは、シベリアの多くの民族に共通しますが、英雄叙事詩の男の主人公のことです。固有名詞ではありません。「強い若者」、

「りっぱな若者」といった意味です。要するに、メルゲンは男性主人公、カイチ・メルゲンは「物語の主人公であるりっぱな若者」のことです。

　語り収めの言葉は「チョーオク！」、あるいは「チョルチョーオク」です。どういう意味かというと、「チョーオク」は荒ぶる神を「鎮めました」という意味です。つまり、「精霊たちに物語を語って心安らかになっていただきました」という意味です。「チョル」は「精霊」ですから、「チョルチョーオク」は「精霊を鎮めた」という意味になります。この語り収めの言葉を見れば、昔話というものがどんな意味を持っていたか、想像できます。

　昔話を語るという行為は、その場にいる聞き手たちのためになされるものではありません。本当の聞き手は目に見えない精霊たちです。ですから、誰でも語っていいというものではなく、村の中で名語り爺として尊敬されている、能力のある優れた語り手でないといけないのです。とくに狩りに行った晩や祭りのときに語るのは、名人だけに許されていました。聞き手は語りをさえぎってはいけません。物語の主人公や精霊がその場にいて聞いているのですから。語る行為を妨害するなんて、とんでもないことだったのです。そんなことをすると、精霊たちから危害を加えられると怖れられていました。

　実際、語りという行為はたいへん大きなエネルギーを必要とします。語り手が途中で疲れて語れなくなったら大変ですから、聞き手はみんなで語りの場を盛り上げます。語り手が語りやすいように、間《あい》の手を入れて励まします。登場人物を励ます言葉も投げ入れます。日本の歌舞伎で観客が「沢瀉屋《おもだかや》」とか「〇〇屋」とか叫ぶのと似ています。みんなで語り手を支え、ともかく無事に結末までもっていって、「めでたしめでたし」にする必要があるわけです。ですから、語り手も聞き手もたいへんなエネルギーを使います。

ある語り手に関する記述にこんなことが書かれています。そこは遊牧民の村で、テントを張って暮らしているのですが、そこに他所から名語り爺を招いたそうです。そのお爺さんは来るときは馬に乗って来たのですが、語りが終わって帰るとき、まだ頭の中で語りが渦巻いていて、語りの世界から完全に抜け出していませんでした。そんなわけで、その語り手のお爺さんはよく忘れ物をして帰ったそうです。「あるときは馬に乗って来たのに、歩いて帰った」と書かれていました。帰るときはいつも、朦朧とした状態で帰っていったようです。

三　動物昔話

語りの場と語りの形式についてお話ししましたが、次に動物昔話の内容を見てみようと思います。動物昔話は日本の話でもヨーロッパの話でもそうですが、人間が登場する話よりずっとリズミカルです。しばしば歌が挿入されます。鳥の鳴き声が入ったり、動物の鳴き声が入ったりします。日本でホトトギスの鳴き声を「ノリツケホーセ」と人間の言葉に置き換えて聞きなすように。語りがリズミカルなのが大きな特徴です。文体も英雄叙事詩に似ているのではないかと思うのですが、台詞の部分がよくうたわれます。必ずというわけではないのですが、うたわれることが多いようです。中には物語全体がうたわれることもあります。全体が歌になっているのです。

では、うたうということは話すこととどう違うのでしょうか。これは、登場人物が人間ではないからだとわたしは考えます。人間なら人間の言葉でしゃべればいいのですが、登場するのが動物であったり、精霊であったりする場合は、その言葉は歌で伝えるのです。アイヌの動物昔話はカムイ・ユーカラといいます。アイヌのカムイは日本語の神に当たるのですが、日本神道の神とは違ってすべてがカムイです。動物も植物も、すべてがカムイです。ですからカムイ・ユーカラは全体がうたわれるのです。歌でできているのです。人間の言葉ではなくカムイの言葉だから、ふつうの人間の言葉ではしゃべらないのではないでしょうか。

もう一つは儀礼性です。すべての話に明確な儀礼性があるとは言えませんが、こんな儀礼性があると説明できる話がいくつかあります。全体に共通するわけではありません。儀礼性に関しても具体例を挙げて説明したいと思います。さらに由来譚、例えば、熊の尻尾はなぜ短いかといった、動物の形態の由来を説明する話です。話の最後に由来が付く話です。シマリスの背中に五本の線があるのはこういうわけなんだよといった説明が付くのは神話的です。その動物が原初の動物でないと、そういうことは言えないわけですから、神代の初めの話ということになります。

もう一つ目立つのは、肉体的弱者と肉体的強者の葛藤を語る話です。これは、狩りの前にずる賢い動物の昔話を語ると、その動物のずる賢さ、良く言えば知恵や敏捷さですが、そういうのが語りの場にいる人たちの身に移る、すなわち呪力が身につくといった信仰があるのだと思います。勝つのはたいてい肉体的に弱い方です。肉体的に弱いものが強いものを知恵で負かす話です。

動物昔話にまつわるタブーですが、「あの昔話を語ってくれ」とせがまれ、自分がその話を知っているにもかかわらず、その日は調子が乗らないとか、話す気分じゃないとかいった理由で断ってはいけないとされています。そんなことをすると昔話の主を怒らせるといいます。獲物が捕れなくなるというのです。知っている話はすべて、吐き出さなければいけないのです。こうしたことが一般的特徴と言えるのではないかと思います。

では、具体的にどんな話があるかを見てみましょう。

「こねずみ」（ハンテ）

こねずみが一匹住んでいて、秋になって、チョウザメや鱒《ます》を捕りにいこうと考えた。舟の代わりはくるみのから、かいのかわりはパテのへら。

こねずみは歌をうたいながら、舟をこぎだした。

「くるみのからがあたいのお舟、チョル、チョル、チョル、へらがあたいのかい、ポル、ポル、ポル」

ある村にさしかかると、子どもたちが岸辺から叫んだ。

「オーイ、穴ぐらねずみ、ごちそうを食べにおいでよ！」

「なんのごちそう？」

「カワカマスのごちそうよ」

「いらないわ、あたい、カワカマスのごちそうは食べないの」

こねずみはまた歌をうたいながら、舟をこいだ。

「くるみのからがあたいのお舟、チョル、チョル、チョル、へらがあたいのかい、ポル、ポル、ポル」

また村にさしかかると、子どもたちが岸辺から叫んだ。

「オーイ、穴ぐらねずみ、ごちそうを食べにおいでよ！」

「なんのごちそう？」

「鴨の肉のごちそうよ」

「いらないわ、あたい、鴨の肉は食べないの」

こねずみはまた歌をうたいながら舟をこぎだした。

「くるみのからがあたいのお舟、チョル、チョル、チョル、へらがあたいのかい、ポル、ポル、ポル」

しばらくいくと、また村の子どもたちが叫んだ。

「オーイ、穴ぐらねずみ、イクラ〔魚の卵一般をいう〕のごちそうを食べにおいで！」

「なんのイクラなの」

「チョウザメのイクラ〔キャビア〕よ」

「ニャム、ニャム、ニャム、ニャム、あたいのとうさんたちのごちそうはチョウザメのイクラ。食べるわ、食べる」

こねずみが舟を岸に着けると、子どもたちがこねずみの前にチョウザメのイクラのごちそうをどっさり置いた。こねずみはごちそうになった。むしゃ、むしゃ、むしゃ、むしゃ。こねずみのおなかがまんまるになった。

そのとき子どもたちが岸の上から叫んだ。

「こねずみ、穴ぐらねずみ、おまえのかいと舟が流されてるわ」

こねずみはぴょんととんで岸にあがったはいいが、つまづいて犬が掘った穴に落ちてしまい、おなかがパチンとはぜてしまった。

「ねえ、みんな、針と糸をもってきて。針と蠟引き糸をもってきて。あたいのおなかが裂けちゃった」

こねずみがさけんだ。女の子たちがおおいそぎでとんできて、穴ぐらねずみのおなかを蠟引き糸で縫ってやった。そしてネズミを地面の上にちょこんと立たせてやった。

穴ぐらねずみはよろよろよろけながら歩いていって、へらのかいがついた、くるみの舟に乗りこんだ。こねずみは歌をうたうのも忘れて、しょんぼりと舟をこいだ。

　舟がひとりで、

「チョル、チョル、チョル」

と歌をうたった。

　かいがひとりで

「ポル、ポル、ポル」

と歌をうたった。

（斎藤君子編訳『シベリア民話集』岩波文庫より）

本当はわたしが語ればいいのですが、シベリアの山の主に怒られるのが怖くてできません。この話はわたしのだい好きな話なのですが、いったいなんの話なのか、さっぱりわかりません。こういった説明のつかない話で、楽しい話というのが多いですね。ところがあるとき、その民族の風俗や習慣を勉強していて、「ああ、こういうことだったのか！」とふとわかるときがあります。そういうときはとても嬉しいのですが、この話はまだわたしには楽しいだけで、どのようにして生まれた話なのか、なにを語る話なのか、説明することはできませんが、こういう話には現代人がすでに失ってしまったおおらかさがあって、わたしは好きです。

次に意味のわかる話を取り上げましょう。トゥヴァ民族の「森のユキノウサギ」という話です。ユキノウサギがどんなウサギか知りませんが、話の中ではただ「ウサギ」としておきます。おもしろいことに話の注に、「この話は春を迎える祭りの場で語られる」と書かれていますので、どうやら春迎えの意味がある昔話のようです。粗筋はこうです。

「森のユキノウサギ」（トゥヴァ）

ウサギが熊の巣穴へ行き、仔熊たちに母熊の悪口を言ってからかう。母熊がその話を聞いてウサギの足跡を追い、ウサギを見つける。ウサギが熊をからかっていると、猟師が現れて母熊を撃つ。撃たれた母熊は仔熊のところへ戻り、「人間のために四本足の獣になろう。人間たちはわれわれの毛皮を剥ぎ、われわれの肉を食うだろう！」と告げ、「銃を持っている人間から身を守りなさい。こうして人類の支配が確立し、人間はウサギの白い毛皮を着、われわれの肉を食べ、われわれの血を飲むようになった」と言い残して死ぬ。それ以来、春が来て雪がとけはじめると、ウサギが春を迎える歓喜の歌（呪文）をうたうようになった。

白い雪が白くなりますように　dot dot dot！
わたしの血が椀に入りきらないように　dot dot dot！
根っこが木の樹液をほしがりますように　dot dot dot！
わたしの肉が深皿に入りきらないように　dot dot dot！

最後はウサギの歌で終わっています。この歌はひじょうに訳しにくいのですが、一応訳しておきました。「わたしの血が椀に入りきらないように」とした部分は直訳では、「入りきらないようになるだろう」です。時制は未来形です。ウサギが、「人間の食物となる私たちの血や肉が豊富になるだろう！」とうたうのです。要するに、この歌は豊饒を予祝する歌なのです。この昔話は全体が歌われるバージョンと、結末の歌だけがうたわれるバージョンがあります。この語り手は一八九五年生まれの猟師で、猟に出たとき、ひざまずいて語ったということですが、他にそのような語り方をする例をわたしは知りません。この語り手だけだと思うのですが、うつむいて昔話を語ったそうです。先ほどお話ししました、昔話の世界に完全にはいり込んで、帰る時に馬を忘れて徒歩で帰ったというのはこの語り手です。

日本で言えば正月に相当する、春を迎える儀礼の場で語られた話ですから、「一年間食べ物に困りませんように、豊かな一年となりますように！」といった願いが込められていたことは確かだと思います。アイヌのカムイ・ユーカラも全文が歌われるので、それとの共通性も感じます。

次の話はユカギールの「セムテネイ爺さん」という話です。こんな話です。

「セムテネイ爺さん」（ユカギール）

獲物が捕れなくなったので、爺さんと婆さんが犬橇《ぞり》で他の場所へ移動します。爺さんは脂の入った椀を置き忘れてきたことに気づいて引き返します。椀を橇《そり》に積んで戻る途中、北極狐が現れ、橇を曳くのを手伝ってやると言い、すきを見て橇に飛び乗り、脂をたいらげて逃げます。爺さんが家に戻り、婆さんが椀の中を見ると脂がなくなっていて、歯が一本落ちています。北極狐の歯だと気づいた爺さんが仕掛け弓の見回りに行くと、掛かっていた獲物がなくなっています。爺さんは自分でズボンを裂き、「自分の弓で突いて怪我をした。助けてくれ」と叫ぶと、北極狐がやってきます。爺さんが、「おまえたちのシャマンを呼んでくれ」と言うと、「おれたちにはシャマンはいないが、ウサギたちのところにいる」と言い、北極狐、キツネ、ウサギたちを呼んできます。獣たちはみんなで爺さんを爺さんの家に運んでやって、毛皮の上に寝かせます。ウサギのシャマンが、「フジエ、フジエ、セムテネイ爺さんの矢の主が見えない。フジエ、フジエ、フジエ、フジエ！」と巫術をはじめます。すると爺さんはそっと婆さんに、「ココイ、ココイ、ホニオホイ！　木の炉鈎をわしのそばに置け！」「ココイ、ココイ、ホニオホイ！　入口の覆いをきっちり閉めろ！」と伝え、炉鈎をつかんで起き上がり、北極狐、キツネ、ウサギたちの頭を叩いて殺します。入口の覆いを開けると、北極狐が一匹逃げ出します。爺さんが犬を放し、自分も斧を持って跡を追うと、北極狐は巣穴に逃げます。犬と爺さんが来て巣穴を壊すと、北極狐は自分の目に砂をつけ、目に涙を浮かべます。これを見た爺さんは、これはあの北極狐ではないと思い、殺さずに引き返します。こうして爺さんは食べ物を手に入れ、いい暮らしをするようになったのです。

この昔話は「獲物が捕れない」危機的状況からはじまります。犬橇で移動していきます。ユカギールという民族は野生トナカイの群を追い、ツンドラを移動して暮らしてきた民族です。トナカイの主食はトナカイゴケです。トナカイはそのコケが生えている場所を季節とともに移動しますので、人間も橇にテントを積んでトナカイの跡を追うわけです。

脂を入れておいたお椀の中に北極狐の歯が一本抜け落ちていたというエピソードはシベリアではなじみのもので、さまざまな民族の昔話に見られます。脂を盗み食いした犯人が歯の抜けた狐であることを示すエピソードです。

この話の爺さんはウサギのシャマンの歌に合わせて婆さんに指図し、動物たちを閉じ込めて叩き殺すのですが、北極狐が一匹だけ、うまく逃げだし、生き残ることができたので、今の世にも狐がいるというわけです。こうして爺さんはたくさんの獲物を手に入れ、「めでたし、めでたし」です。

人間ってほんとうにひどいですね。こういう話はたくさんあります。狩猟は人間と動物との知恵比べで、知恵を出した方の勝ちですから、猟師たちはみんな嬉々としてこういう昔話を語るのだと思います。

最初に、獲物が捕れなくなったところから始まり、最後にたくさんの獲物を仕留めたところで終わる話は多くの民族にあります。このような昔話は不猟に見舞われたとき、獲物がたくさん捕れますようにという願いを込めて語られたものと想像されます。「なんて残酷な話なんだ！」と思わないでください。猟師にとっては生活がかかっているのですから。

話の後半は「隣の爺型」の形式で語られます。「隣の爺型」は日本の昔話でもなじみの形式で、善良な爺が成功してお宝を手に入れ、それを真似した隣の爺が失敗するというタイプの語り方です。「隣の爺型」は日本特有のものと言われていたのですが、シベリアのツングース系民族にもあります。こんな話です。

「貧乏爺と物持ち爺」（ウリチなどツングース諸民族）

魚網すら持たない貧乏な爺が隣の爺のところへ食べ物をもらいに行き、断られます。貧乏爺は婆に干したイクラを噛ませ、それを餌にして魚を呼び寄せます。「チョウザメやあい、こっちゃこい！　カルーガやあい、こっちゃこい！」集まった魚を婆がバッツバッツと殴り殺します。次に爺は野原へ行ってノバラの赤い実を集め、口、目、鼻に突っ込んで横たわっています。そこへウサギが現れ、爺さんが倒れているのを見つけて仲間たちを呼び集めます。ウサギ、キツネ、黒テン、リス、イタチが集まってきて、爺さんを家に運びます。爺さんは婆さんに出入口を塞がせ、動物たちを叩き殺させてたくさんの獲物を仕留めます。この話を聞いた隣の爺が真似をしますが、欲をかいて自分の婆さんをしこたま殴って殺してしまいます。

ロシア語では魚の卵はすべてイクラです。保存のために干してあったイクラを婆さんに噛ませ、凍結している川に穴を開け、そこにイクラを餌として撒くのです。魚を呼び寄せるとき、「チョウザメやあい、こっちゃこい！　カルーガやあい、こっちゃこい！」と呪文を唱えると、魚がわんさと寄ってきます。そこを棒でポンポコ殴り殺すというわけです。こうして魚をいっぱい捕った貧乏爺は、次の日、野原へ行って赤い実を集め、自分の目、口、鼻に突っ込んで、死んだふりをして横たわっています。するとたくさんの獣たちが集まってきて、爺さんを担いで家まで運んでやります。家の中に入ると、爺さんは婆さんに出入口を全部塞ぐように指示し、自分を運んでくれた動物たちを叩き殺し、獲物をどっさり手に入れます。隣の爺がそれを真似するのですが、欲かいて自分の婆さんを殴り殺してしまう、あるいは血だらけにしてしまうという話です。日本の「猿地蔵」や「雁取り爺」、あるいは「花咲爺」に近い話です。

これなども動物の側から見れば、「人間はひどい！」と言いたくなる話ですが、獲物を獲得するために呪力を持つ昔話を語るのだと考えれば、納得できるのではないでしょうか。

よく日本人は農耕民だと言われますが、一概にそうとは言えません。山の猟師もいれば、海の漁師もいます。職人も、商人もいます。日本の昔話の中に狩猟民的性格を持つ話があっても不思議ではありません。シベリアの昔話を介して見ると、そういうところが見えてきます。

次はユカギールの昔話です。

「キツネ」（ユカギール）

キツネの婆さんがいて、娘が四人いた。キツネの家の入口に人間どもが外から罠を仕掛け、アコーディオンを弾きはじめた。キツネの婆さんは躍りだした。

Gring, gring, gring, golnise!

子どもたちや、なんていい音色が聞こえるんだろう

外へ出て、見てごらん！

上の娘が外に出て、罠に掛かった。婆はまた躍り出した。次に二番めの娘が外に出て、また罠に掛かった。三番め、四番めも罠に掛かり、婆さんひとりが残った。「どうしてわたしの娘たちの姿が見えないんだろう」。今度は婆さんが自分で外に出て、罠に掛かって死んだ。人間たちはキツネを五匹殺して、家へ帰った。

ここでは省略しましたが、娘たちが罠に掛かるたびに歌が挿入されます。この昔話も人間がキツネを五匹殺して、「めでたし、めでたし」となります。なんという話でしょう。動物の側から見たら、ひどい話です。こういう話もやはり狩猟民らしい話です。

次はサハの昔話です。

「テールレイ婆さん」(サハ)

昔、テールレイ婆さんが住んでいた。婆さんには茸娘一人、犬一匹、牛五頭、それに隣の嘘つきキツネがいた。ある晩、嘘つきキツネが来たので、オロンホを語ってくれと頼んだ。キツネは、「牛を一頭くれたら語ってやる」と言って語りだした。

テールレイ婆さんは平らになって、
茸娘はうつぶせになって、
犬は丸くなって、
八本の柱はばらばらで、
梁は身をかがめ、
牛五頭を景品に語り、一頭めの牛を連れて家に帰った

(繰り返し五回)

キツネは牛を五頭もらった。

朝、茸娘が起きて火を焚こうとすると、火がうまく燃えなかった。外に出ようしたが出入口が開かず、みんな死んでしまった。キツネは婆さんの財産をすべて手に入れ、今も生きている。

オロンホというのはサハの英雄叙事詩です。キツネはオロンホを語るのですが、目の前の情景をただ言葉にしているだけです。それを五夜繰り返し、牛五頭を手に入れます。こうしてキツネは婆さんの全財産を手に入れ、今も生きているというのです。この昔話はこれまでの話とは逆ですね。テールレイ婆さんというのが何者なのかわかりませんが、キツネが人間を逆手に取る話です。よくわからない話ですが、動物もたまには人間がするようなずる賢いことをして、しっぺ返しをするのかもしれません。

最後にもう一話サハの昔話を紹介しましょう。

「蛙の奥さん」（サハ）

蛙の奥さんがクマネズミを捕まえ、鼻に穴を開けて駄馬にし、歌をうたいながらあちこち廻った。こんな歌をうたって三つの国を廻った。

「わたしは蛙の奥さんになり、沼地の旦那様にお許しをもらって、おしみなく太陽が降り注ぐ大地をぶらつこうと思いたった。菅の草で刀を作り、……。たっぷりぶらついて、渓谷の南の端にたどりついた。クマネズミがつまずいてひっくり返り、わたしを仰向けに倒した。そのときから、わたしの背中に黒と赤の縞模様ができた」

こうして蛙は彩色され、日に当たって日焼けした。

クマネズミというのはふつうのネズミより一回り大きなネズミで、高いところに登るのが得意です。日本でも最近都心で増えていて問題になっているネズミです。

「歌をうたって三つの国を廻った」とありますが、三つの国というのは、人間たちが住む地上の国と、精霊たちが住む天上の国、そして悪霊たちがいる地下の国です。この世はこの三つの国から成り立っていると考えられています。この三つの世界を蛙がクマネズミといっしょに歌をうたって廻るという、神話的な趣のある話です。最後に蛙の背中の模様の由来を説明するモチーフが付いています。サハでは好んで語られる話ですが、こうして粗筋を日本語にするとおもしろさが伝わらないのが残念です。サハ語で語れば、おもしろい話なのですが。

以上、大急ぎでシベリアの動物昔話を見てきましたが、なぜこういう話が語られるのか、説明できる話もあれば、できない話もありますが、どうか声に出して読んで、語りを楽しんでください。

〔参考文献〕
斎藤君子編訳『シベリア民話集』（岩波文庫、一九八八年）
斎藤君子『シベリア民話への旅』（平凡社、一九九三年）
齋藤君子『シベリア 神話の旅』（三弥井書店、二〇一一年）

異類との婚姻

異類婚姻譚

樋口　淳

一　異類婚姻譚の系譜をたどる―蛇婿入り―

異類婚姻譚とは何か

本日のテーマは「異類婚姻譚」ですから、まず異類婚姻譚とは何かという話から始めましょう。日本は、異類婚姻の系譜がとてもたどりやすい国です。

異類婚姻譚というのは、文字通り人間と異類との婚姻にまつわる話です。異類とは、これもご承知のとおり〈人間以外の存在〉のことですが、サルやキツネのような動物のほかに、ヘビやカエルのような爬虫類、キノコや大木のような植物、コイのような魚、ツルやカモのような鳥、河童やオニのような妖怪、美しい天女や龍宮の女など、じつにさまざまです。

異類と結ばれる経緯や、その後の展開にも、いろいろありますが、一番劇的で重要なのは、異類婚姻によって子どもが誕生する場合でしょう。人間と異類のあいだに子どもが生まれるのですから、それは当たり前の誕生ではなく、

〈異常誕生〉と呼ばれるカテゴリーに入ると思います。

この不思議な婚姻で生まれた子どもは、並みはずれた力をもっていることが少なくありません。とくに、神話のレベルでは、異類と人間とのあいだに生まれた子どもの〈不思議な力〉について語ることが多いと思います。

たとえば、みなさんよくご存知の『古事記』や『日本書紀』にみえる奈良の三輪山にまつわる神話がありますね。この三輪山の話では、娘のところに小さな蛇が通って来る。最初のうちは、通って来る男の正体は分かっていないのですが、娘は男の正体を知らぬままに子どもを宿してしまう。これを怪しんだお父さんお母さんが、男の正体を知るため忍んできた男の着物の裾に針を刺して、三輪《みわ》の糸を準備するようにと娘に知恵をさずける。すると、その糸は板戸の小さな穴を通り抜けてずっと延びて、辿って行くと三輪山の杜にいたり、男の正体が三輪山の神、大物主だったとわかる。

そして後日、崇神天皇の御世に原因不明の疫病がはやって、どうしてもおさめられない。すると崇神天皇の夢に大物主があらわれて、太田多根子《おおたたねこ》という人をさがしだして神をまつれば疫病はおさまるだろうと告げる。天皇が、夢の託宣にしたがって太田多根子をさがしだし大物主の神をまつると、はたして疫病は去り国はおさまります。そして、さらに話を聞くと、この疫病をおさめる不思議な力を持った太田多根子こそが、実は三輪山の神と娘のあいだにうまれた子どもの子孫だったと判明するのです。

「蛇聟入り」

このタイプのヘビと娘との異類婚姻譚が、昔話としても日本各地で語られています。昔話に関心のある人なら必ず知っているにちがいないほど、あちこちで語られている「蛇婿入り」という話です。その話を簡単に紹介しましょう。

むかし、お爺さんが田んぼを耕していますが、日照りで水がなくて困っている。すると蛇がやって来て、「困っているなら水を入れてやろう。そのかわり三人いる娘のうちの一人をおれによこせ」という言うわけです。だいたい蛇が口をきくなんてことがあるはずはないし、お爺さんが娘を蛇に嫁にやるなんてことを承知するはずはないのですが、そこは昔話です。蛇が娘をくれといえば、お爺さんは必ず承知します。お爺さんは、田に水をいれてもらい、娘を約束したものの困ってしまいます。三人の娘のうち誰をやったらいいかわからない。

お爺さんが頼んでも、上の娘も二番目の娘も、もちろん断ります。ところが三番目の娘だけが承知して、蛇の嫁に行くという。ヨーロッパの「シンデレラ」や「美女と野獣」の場合もそうですが、日本でも一番下の娘がいい子で親のいうことを聞いて活躍する話が多いですね。この「蛇婿入り」の場合にも、末娘は知恵があって、嫁入り道具にふくべ（瓢箪）を百個とか千個、それから針を百本とか千本お爺さんに用意してもらう。そして待っていると、夜になってから蛇が気味の悪いほどいい男に姿を変えてやって来ます。娘は嫁入り道具をしょって、男の後にしたがって、山奥の沼につきます。男が、ここが自分のうちだから一緒に入れというと、娘は「おれはこの沼に入るのもいいけれど、その前にこの嫁入り道具を沈めてくれ」といって、ふくべを沼に投げ入れる。ふくべには針が百本、千本ついている。それがプカプカ浮いているわけですから、男は一生懸命沈めようとするけれども、なかなか沈められない。しまいには本性を現して、蛇になってのたうちまわる。昔から蛇にとっては鉄が毒だと伝えられているとおり、蛇は鉄の毒にあたって死んでしまう。これが「蛇聟入」のうちでも水乞型《みずこいがた》と呼ばれる話です。

この後、娘はすぐに自分の実家にもどればいいのですが、昔話ではそうなりません。峠を越えて、自分の家とは反対の村をめざします。そして、さあ出発という段になると、それまで蛇にいじめられて困っていたガマ蛙が出て来て、「これから山を越えて、峠を越えて行くのは大変だろう」と言って不思議な力をもった〈姥皮《うばかわ》〉という皮を出して、これを被るとお婆さんになるという。娘は、その姥皮をつけて、途中の山賊の目をごまかして、山向こうの長者を訪ねて水汲み女に雇ってもらう。

娘は、昼のあいだこそお婆さんの姿で働いていますが、夜になると姥皮を取って美しい娘の姿にもどります。その姿を長者の息子が見染めて、また一波乱ありますが、最後には幸せな結婚をする。

話が前後しましたが、昔話の「蛇聟」には、〈水乞型〉のほかにもう一つ〈苧環型《おだまき》〉というのがあります。これがさっき言った三輪山の神話と同じタイプです。

村の娘のところに、夜になると美しい男が通ってきて、やはり娘は子を宿す。そこで親が「どうしたんだ」と聞くと、娘はこれこれこうだと告白する。「それじゃあ、その正体を知るために」と針を着物の裾に縫い付けておきます。すると三輪山神話と同じように、糸はずうっと山の中に入って行くわけですが、今度も正体は蛇です。

山奥の穴にもどった蛇は、針がささって、毒がまわり死に瀕していました。すると、蛇の母親が「お前がこんなことをするから命を落とさなければいけないんだ」と息子を諭します。すると息子は「おれはこれから死ぬけれども、娘のお腹の中に子どもを宿してきた。だからおれが死んでも子どもは残るからそれでいい」と答えるんですね。すると蛇の母親は、「お前、そんなことを言ったって、人間というのはなかなか知恵があるもんで、五月五日に菖蒲の湯を沸かして、それに入れば子どもがおりてしまう」と言う。

娘は、穴の外でそれを立聞きしていて、家に帰って五月五日に菖蒲湯をたてて入ったら子どもがおりたというんです。これが五月五日に菖蒲湯をたてて入る行事由来になっています。さっきの神話の場合には、不思議な力をもった立派な子どもが生まれたのに、昔話の場合には蛇と人間との間に子どもが生まれるのは目出度いことではなく、むしろ忌まわしいことで、生まれるのは呪われた子になってしまっています。

これがさらに、今でもあちこちで実話として語られる世間話になりますと、「実はね、これは、あそこの家の話なんだけどね」ということになります。私が実際に調査の折に聞いた話では、「実は、あの家の娘が蛇の子を身ごもって、いやあ、バケツ一杯の子どもを降ろした」とかいう、聞いていても怖気をふるうような生々しい話になってしまいます。

「夜叉が池」の伝説

蛇と人間の婚姻譚には、伝説の場合もあります。「夜叉《やしゃ》が池」とか「機織淵《はたおりぶち》」とかいうかたちで伝えられる話です。昔話が「むかしむかし、あるところに」というフィクションであるのに対して、神話は神さまにまつわる話ですから、それを信じる人たちにとっては、本当にあった大切な話です。伝説というのも、それを語る人たちにとっては、実際に村のはずれにある大木や、沼や、石や岩にまつわる話で、時には歴史上のある時代や人物を特定できることがあります。だから、やはり本当にあった話なのですね。

たとえば「夜叉《やしゃ》が池」の場合は、この村の、あそこに沼があって、昔そこには主《ぬし》が棲んでいて、その主が、ある時あそこの長者屋敷の娘を貰いにきて、その沼に引き込んだということになる。そして「機織渕」の場合には、沼に引き込まれた淵の底で娘が毎晩機を織る。だから、いまでも夜中に淵のそばを通ると、淵から娘が機を織る音が聞えてくる、という真実の話として伝えられるわけです。

こういう風に、蛇と人間が結ばれる「蛇婿入り」の話の場合、日本では特に、神話・伝説・昔話・世間話という伝承の系譜を辿ることができます。この話だけをみると「昔話というのは、神話の中の〈蛇という異類が実は神聖な神で、神と人間が結ばれて、不思議な力をもった子が誕生する〉という原初的な信仰が失われた後に、〈蛇のような異類と人間とのあいだに子どもが誕生するのは忌まわしい、穢れたことだ〉という世俗的な考えが一般になって、「昔話というのは、神話が失われた後に生まれた話である」という結論を支持したくなってもしかたありません。だから、「昔話をよく研究すれば、神話もよくわかるにちがいない」ということですが、この考えは、何も日本だけにかぎらず、一九世紀のヨーロッパでも大いに支持されていました。

しかし、昔話にもいろいろあり、神話にもいろいろあるので、一筋縄ではいかないし、簡単に「昔話が先か、神話が先か」を決することはできません。「神話が先で、昔話は信仰が失われた後の産物だ」と一概に結論することはできないのです。ただ、ここに紹介した日本の「蛇聟入」に関しては、神話・伝説・昔話・世間話という系譜がたどりやすいことは確かです。

二　異類婚姻譚と王権神話

海幸と山幸

神話と昔話の関係を考える上で、もう一つ、どうしても挙げておきたい話があります。これも、よく知られた「海幸・山幸」の話です。

『古事記』や『日本書紀』の中にも出てきますが、子どもが読んでも楽しい話です。最近の学生に「海幸・山幸」の話をしても知らないことが多いのですが、昔はよく小学校の学芸会でやったものですから、自分が出演しなくても友達がやったのを見て、みんなが知っていたものです。

きっと皆さんはご存じだと思いますが、これもざっと紹介します。

むかし、海幸彦と山幸彦という兄弟がいて、兄さんは海で魚を釣り、弟は山で狩りをして暮らしていました。弟の山幸が、これに飽きて道具を交換しようと提案する。兄の海幸は、弟があまり頼むので交換に応じますが、もちろん二人ともうまくいかない。そのうえ山幸は兄の大事な釣り針をなくしてしまいます。

山幸がいくら謝っても海幸は許してくれないから、途方にくれていると一人の神が現われて、龍宮への行きかたを教えてくれる。山幸は、神の言葉にしたがって龍宮を訪れ、浦島太郎みたいにタイやヒラメの舞い踊りを見て、龍王の娘の豊玉姫《とよたまひめ》と結ばれますが、やっぱり地上に帰ることになる。そして、タイのお腹の中にあった兄さんの釣針を貰って帰って来る。その時に龍王が潮干珠と潮満珠という魔法の珠をくれるのですね。山幸はこれを使ってお兄さんを散々やっつけます。お兄さんは「もう勘弁してくれ。おれはお前の言う通りにするから」と言う。こうして山幸彦は、海も山もあわせて支配するようになったのです。

その後、龍宮から龍王の娘の豊玉姫がやってきて、「私はあなたの子どもを宿しました」ということで、子どもを産むからと海辺に産屋《うぶや》を立てた。昔は産小屋《さんごや》というのがあって、お産をする時には特別な小屋をたててそこで子どもを産んだんですね。もうそんな習慣は見られなくなりましたが、今でも産小屋があって民俗文化財として残されているところがあります。

そこに籠って子どもを産むのですが、産屋を鵜の羽根で葺《ふ》いてくれというので、鵜の羽根を集めて産屋を葺いたけれども、そのうちにお腹が痛くなって間に合わなくなったわけです。その時、豊玉姫は、「私は、今は人間の格好をしているけれど、子どもを生む時には元の姿になって産むから絶対に見るなよ」と言うのです。それなのに山幸は、好奇心をおさえることができずに、鵜の羽の間から中をのぞいてしまう。見るなと言われると必ず見てしまう。タブーがあるとタブーを必ず破るのが昔話の原則なのですが、見ると豊玉姫が大きなワニの形をしていた。ワニというのはサメの大きなやつですから、そんな姿でのたうちまわっている妻の姿を見た山幸は驚いて逃げてしまう。

これを知った豊玉姫は、姿を見られてしまったからには、あなたといっしょにいることはできないと言って龍宮に帰ってしまう。そして自分の代わりの養育係として妹の玉依姫《たまよりひめ》を送ります。この時生まれた子ども（鵜の羽根で産屋を作ろうとしたけれども、うまく間に合わなかったので、鵜茅不葺合尊《うがやふきあえずのみこと》という名前の子どもですね）と玉依姫とが結ばれて生まれた子どもの一人カムヤマトイワレヒコが神武天皇です。

王権神話

神武天皇は、みなさんご存知のように皇室の祖ですから、この話は「日本の天皇家がいかにして誕生したか」という日本人にとっては大変重要な起源譚になります。初代の天皇は二重の異類婚姻から生まれたというのです。まず神武天皇のお爺さんである山幸（ホオリノミコト）が、龍宮の娘・豊玉姫と結ばれてウガヤフキアエズを産み、つぎにそのウガヤフキアエズが豊玉姫の妹の玉依姫と結ばれて神武を産んだことになります。

この異類婚姻譚は、神話学的にみれば、世界各地に分布する「王が、いかにして宇宙を治めるにいたったか」を説明する王権神話の一つです。

まず山幸は海幸を征して、海と山とをともに支配する権力を得る。つぎに海を支配する龍王の長女（豊玉姫）と山幸彦とが結婚し、山幸彦の山と海を支配する力は強化され、さらにその子が龍王の次女（玉依姫）と結ばれて天皇を産むわけですから「いかにして天皇が、山と陸と海を支配することになったか」という支配の起源は、三度にわたって繰り返されることになります。

私たちが小学生の時代に学芸会で上演された海幸・山幸の児童劇は、実は「陸の支配者と海の支配者が二度の婚姻によって、すべての世界を支配する力を授与された」という大切なメッセージを含んだ、王の権威の起源を語る典型的な王権神話だったのです。

神話というのは、このように始原の世界の出来事を語ります。そこで語られる人間と動物、人間と植物、人間と異類（人間以外のもの）との婚姻は、非常に重要なメッセージを含んでいる。異類との婚姻によって生れた子どもの、有り難い、不思議な力の根元になっている。日本の神話や昔話には、子どもたちにも分かりやすいかたちで、こんなタイプの話が生きているのですね。

三　昔話のカタログと国際比較―シンデレラ物語―

アアルネの昔話分類

日本以外の地域、とくにヨーロッパには異類婚姻譚はないかというと、もちろんあります。しかし、学生たちを含めて、いまの若い人たちが親しんでいるのは「眠れる森の美女」にしても「シンデレラ」や「白雪姫」にしても、ヨーロッパの昔話はだいたいディズニー経由なんですね。そしてそのディズニーのなかに、「美女と野獣」のような人間の娘と野獣（異類）との結婚をテーマにした話があります。これはミュージカル仕立てですが、なかなかよくできています。でも、ディズニーのミュージカルはやはりディズニーのミュージカルなので、ヨーロッパで語られてきた昔話（メルヘン）とはかなり違います。伝統的なヨーロッパの昔語りのなかにも、いろんなタイプの異類婚姻譚があります。そして日本の話とヨーロッパの話を比べてみると、なかなか面白いことが分かります。そこで、つぎに世界各地の昔話をどう比較するのかという手続きと、比較することの意義について、少し紹介してみましょう。

日本の昔話を研究する場合には『日本昔話大成』あるいは『日本昔話集成』、あるいは『日本昔話通観』などの話のカタログ、目録のようなものがあって、そこで各地のお話を比べることができます。とくに『日本昔話大成』は、アンチ・アアルネの国際カタログと連動しているので、とても便利です。

アンチ・アアルネという人は、フィンランド人で、一九一〇年だったと思いますが、彼が、最初の国際カタログを作りました。そしてその後を、トンプソンというアメリカ人が受け継いで、努力を重ねて、一九六〇年代にカタログを仕上げます。

アアルネの最初のカタログは、わずか六三ページくらいのものでしたが、話のタイプ（話型）はすでに二千も用意されていました。もちろん、わずか六三ページでは資料の数も限られていましたから、これにトンプソンが膨大な資料を加え、話のタイプを整備し、さらに五百の話型を加えて六〇〇ページ弱に増補し、それぞれの話型にアアルネのAとトンプソンのTを取って「AT」という型番をつけたのです。

私は、アアルネとトンプソンの仕事のなかで一番大切だったのは、話型（Tale Type）という概念を昔話研究に持ちこんだことだと思います。

アアルネとトンプソンは、数限りなくある昔話を、まず〈動物昔話〉・〈本格昔話〉・〈笑話〉・〈形式譚〉・〈その他分類できない話〉という大きなグループに分けました。ATという話型番号の一番から二九九番までが動物昔話（動物民話）、三〇〇番から一一九九番が普通昔話。つまり昔話というのはこれが基本（＝普通）なんだよというもので、日本では関敬吾が〈本格昔話〉と訳しています。〈本格〉というのはとてもいい訳ですね。これは名前を聞いただけで、なんだか一番偉い昔話で面白い昔話のグループであるような気がしてきます。

その次の一二〇〇番から一九九九番までが笑話です。それから、二〇〇〇番から二三九九番までが形式譚。形式譚というと、例えば「長い話」「天から褌」「大きなカブ」などがあります。ご存じですよね。聞いている間に子どもがうんざりしたり、どきどきしたりするあの〈繰り返し〉が主役の話です。

もちろん、たった二五〇〇しかない、こんなせまい枠組みの中に世界のすべての昔話が入るわけがありません。笑話なんかは山のようにあるし、今日、たった今も生まれているかもしれないタイプの話ですから、整理してカタログに詰め込もうとしても無理です。

FF COMMUNICATIONS N:o 3

VERZEICHNIS

DER

MÄRCHENTYPEN

MIT

HÜLFE VON FACHGENOSSEN AUSGEARBEITET

VON

ANTTI AARNE

HELSINKI 1910

SUOMALAISEN TIEDEAKATEMIAN TOIMITUKSIA

FFC3号（1910年）に掲載された『民話の型目録』の扉

でもこういうカタログは、いったん決まってしまうとそこに従わざるをえない、従ってしまう方がいい。そっちの方が話が通じやすい。昔話の研究をする時には、もうこれは決まったことだから、ここから外れるというのは難しい。ともかく尊重しようじゃないかということになる。

これは、昔話研究の世界だけじゃなくて、世界中のどこにでも、あらゆる分野に存在する問題です。

例えば最近のハイブリッドカーの充電の仕様問題についてなら、誰でも分りやすいかもしれません。どうでもいいような話ですが、日本仕様とヨーロッパ仕様が違う。プラグの形が違うんです。どっちが合理的か分かりませんが、いずれどちらかに決着がつくでしょう。私たちみたいなエンドユーザーは、待ってればいいから気が楽ですが開発する方はたいへんです。

少し古い話では、ビデオのＶＨＳとベータの問題がありましたね。私は絶対ベータの方がいいと思ってました。だけど結局、あの不細工なＶＨＳになってしまったのはソニー以外のほとんどのメーカーがみんなＶＨＳについたからで、結局ソニーは撤退してしまいました。こうした例に見られるようにいったん決まってしまうと「いろいろご不便はおありでしょうが、こういうことになりました。ご免なさい」ということで、それでいくより仕方ありません。

もちろん昔話の場合は、それでは済みません。そこで、たとえば日本の昔話はどうしたらいいかと知恵を出し合って、日本独特の分け方を取り入れます。「できることには対処しましょう」ということで、こういう地域タイプのカタログは世界各地・各地域にあります。

関敬吾の日本昔話集成・大成は、そういう仕事の成功例だと思います。同じように、フランスにはフランス、ドイツにはドイツ、韓国には韓国、中国には中国の昔話の分け方がある。しかし国際比較のためにはATを採用して、各国のタイプインデックスをATに関連づけることが必要になります。それぞれの国や地域が、話ごとに〈話型〉を定めて、ATと連動させて、連動出来ない型は、地域固有の型として補って行く作業が続けられています。

世界のシンデレラ

つぎに「シンデレラ」を例として、国際比較とカタログの関係を紹介してみましょう。「シンデレラ」なら誰でも知っていますし、語りの記録も世界中に広がっているので便利です。

まず、「シンデレラ」の一番古い記録はどこでしょうか。これは、みなさんご存じだと思いますが、中国唐代の『酉陽雑俎《ゆうようざっそ》』という説話集ですね。しかし、いまでは誰でも知っている『酉陽雑俎』のシンデレラ（「葉限」）も、日の目を見るまでに、なかなかのドラマがありました。そして、このドラマの主人公は、あの南方熊楠《みなかたくまぐす》です。

私は、かつて南方熊楠の書庫に入ったことがあります。規模はさして大きくありませんでしたが、蔵書の半分は中国ですが、あとの半分は英語、フランス語、ドイツ語、ロシア語、トルコ語など世界各地におよびます。まさに博覧強記の世界です。南方は世界中の言葉に堪能でしたから、当時の研究者としては抜群の広がりをもつ知識のネットワークを有していたと思います。とくに彼の強みは漢籍で、当時の世界中の民俗学研究者のなかで、彼ほど中国の原

1891年アメリカ滞在中の
南方熊楠

典が読めた人はいなかったと思います。彼の同時代人であった柳田國男も外国語の達人で、いち早くヨーロッパの民俗学情報を手に入れて、体系的に整理し抜群の業績をあげましたが、漢籍を含む外国語の解読能力においては南方に及ばなかったと思います。

さて、アアルネとトンプソンのカタログで「シンデレラ」を調べてみましょう。ATのカタログを開くと、「シンデレラ」は本格昔話の五一〇番に整理されていることが分かります。さらに五一〇番はAとBに下位分類されていて、Aが本格昔話の「シンデレラ」です。

アアルネとトンプソンのカタログのおかげで、世界中の研究者が協力して、自分の国でシンデレラ・タイプの話を見つけたら、いそいで五一〇番の箱に入れて行くわけです。そこを開けると、トルコのもドイツのもフランスのも、アメリカ先住民のも、日本のも韓国のも、みんなそこに入っているから便利です。話型が決まり、話がカタログ化されると、こんな共同作業が可能になります。

ところで、「シンデレラ」の場合には、実はアアルネ以前に、もう一つとても大切な仕事がありました。じつは世界中のシンデレラ・タイプの話をあつめて、最初に話の分類基準を決めて〈話型〉という考えのもとになる作業を始めたのはイギリスのマリアン・コックスという女性研究者でした。このマリアン・コックスの本はなかなか手に入らず、あの南方熊楠もついに見ることがなかったのですが、いまはなんとアマゾンで手に入れることができるのです。インターネットのおかげで、世界中の昔話の研究書が簡単に手に入る。私たちが研究を始めた一九七〇年代には、まったくあり得ない話です。各地の図書館を訪ねて、研究書を探しあてなくてはいけない。おそろしく無駄な時間を過ごしていたわけです。

マリアン・コックスの仕事

しかし、とにかく最初に「シンデレラ」の話型研究を実行したのはマリアン・コックスでした。彼女が本を書いたのは一九世紀末で、ちょうどその頃に南方熊楠はイギリスの大英博物館に通いつめていたはずですが、なにしろ彼は粘菌という正体不明の生き物の研究に夢中でしたから、昔話のことは忘れていたのですね。ところが、日本に帰って来てからこの本の存在を知って「しまった」と思ったのですね。あちこち手を尽したのですが手に入らずじまいでした。

マリアン・コックスは、「シンデレラ」の研究に着手して、シンデレラ・タイプの類話を世界中から三四五話集めたということです。十九世紀末のイギリスというのは大英帝国の絶頂期ですから、世界中の人が集まる王立の研究組織があって、民俗学の分野でもいろいろな共同作業を行うことができた。マリアン・コックスは、たぶん世界中の民俗学に関心のある人たちに手紙を書いて「こういう話を知りませんか」と問い合わせたのだと思います。そしてなんと、日本では「鉢かづき」にも出会います。これは面白い話ですね。コックスが、どうして「鉢かづき」を知ったのでしょう。それは明治期に日本に滞在していたダーヴィッド・ブラウンスがライプチヒで刊行した『日本のメルヘンと伝説』に収められていたからなのですね。彼はラフカディオ・ハーンのような文学趣味の人ではありませんでしたから、もっと広い視点から日本の昔話を見ることができました。そして彼のメルヘン集に「鉢かづき」が収められ、コックスの目にとまったのです。

三四五話のなかで、アジアの話がただ一話しかないというのは、淋しいかぎりで、当時の研究が、どれほどヨーロッパに偏重していたかを示しています。しかし日本は、文明開化によって、ヨーロッパ的な近代を正面から受け止めて努力を積み上げ、さんざん辛酸をなめたおかげで、世界に向かって情報を発信できた。当時のアジアで、そういうことができた国は、日本しかなかったといってもよいと思います。ブラウンスの「鉢かづき」も、そんなドラマの一コマなのです。

それにしても、コックスが世界中のシンデレラを集めて比較し、研究するには、まず「シンデレラ」という話がどういう要素でできているかということを考えなければいけません。それがどういう構成要素で、どういうエピソードでできているのか。その中にどういうモチーフがあるのか。例えば継子譚に見られるいじめられる娘とか。あるいはガラスの靴とか。いろんなモチーフが話ごとに違っている。つまり「シンデレラ」の話型の確立ですね。

三四五話のシンデレラを集めたコックスは、こうした〈話型〉という明確なアイデアを持っていたとは思われません。しかし彼女にとって幸いだったのは、当時のヨーロッパ世界では、誰でも「シンデレラ」という話を知っていたことです。きっとそれはペローとグリムのおかげだと思います。

コックスは、その誰でも知っている「シンデレラ」の定義を少し広げて、シンデレラとおなじように苦労した継子が、お城のパーティーで王子様に見初められて幸せになる「ロバの皮」や「い草の頭巾」それにイギリスでとても人気のあった「ネコの皮」を加えて〈シンデレラ・サイクル〉という話のグループ（話群）をつくり、まず話を集めて、その後で構成要素ごとに整理したのです。

私は、この作業が、後にアアルネのカタログの基礎になる〈話型〉という考えを生み出す助けになったのだと思います。アアルネは、シンデレラのように誰でも知っている話だけではなく、彼の知る限りの話にまで枠を広げて、それぞれの話ごとに話型をきめて、二〇〇〇のタイプを作り、それを〈動物昔話〉・〈本格昔話〉・〈笑話〉・〈形式譚〉に分け、さらにその下位分類を作ったのです。

四　世界の異類婚姻譚―美女と野獣とプシケ―

本格昔話

このアアルネとそれを補ったトンプソンのカタログにしたがって、私たちの「異類婚姻譚」はどのように位置づけられているのかを、次に見てみましょう。アアルネ・トンプソンのカタログでは、三〇〇番から一一九九番が本格昔話ですが、そのうちの三〇〇番から七四九番までが、本格昔話のなかでも極めつきの本格昔話である「魔法昔話」に振り当てられています。「魔法昔話」というのは、動物が口をきいたり、火の鳥や魔女や山姥が現われたり、不思議な魔法〈マジック〉がいたるところに満ち溢れた話です。「異類婚姻譚」は、そのうちの四〇〇番から四五九番のグループで、さらにこれが、四〇〇番から四二四番までが〈不思議な女房〉の話、四二五番から四五九番までが〈不思議な夫〉の話に分けられます。

ここで私が〈不思議な夫や妻〉と言った分類は、アアルネとトンプソンのカタログではもう少し詳しく〈超自然的な夫や妻、あるいは魔法にかけられた夫や妻〉と命名されています。〈超自然的〉というのは〈スーパー・ナチュラル〉の翻訳ですが、とにかく〈普通じゃない〉〈魔法にかけられてしまった〉という意味ですから、このグループには夫や妻だけでなく妹や兄さんのような身内が、フツーじゃない、とんでもないことになってしまった話がおさめられています。

美女と野獣

その四二五番に、私たちがよく知っているヨーロッパの異類婚姻譚「美女と野獣」と「アモールとプシュケ」が入っています。

そこでまず「美女と野獣」のおさらいをしてみましょう。この話は、一八世紀フランスの児童文学者・ボーモン夫人が再話して、知られるようになった話で、ディズニーのミュージカルとは、かなり違います。それは大体こんな話です。

ウォルター・クレインの挿絵。
野獣はイノシシの姿をしている

ある時、商人が旅に出ます。商人には娘が三人いて、三人の娘に何がお土産に欲しいかと聞きます。上の二人の娘はドレスやアクセサリーが欲しいと言いますが、三番目の娘はバラの花が欲しいと言います。商人は、バラの花をさがしますが見つかりません。そして帰る途中、嵐の中で道に迷ってしまって困っていると、向こうにお城が見えました。入って行くと、すばらしいご馳走があって歓待を受けますが、人が誰もいません。そして翌朝、目を覚ますと城の庭に娘が欲しいと言っていたバラの花があるではありませんか。商人が喜んでそのバラを切ると、とつぜん野獣があらわれて「お前は、おれの一番大切なものを取ってしまった。命を貰う」と言います。商人が命乞いすると「それじゃあ、お前に三人の娘がいるだろう。そのうちの一人をおれによこせ」ということになります。商人は、やむなく野獣と約束をとりかわして帰宅します。

この展開は、「蛇聟入」ととてもよく似ていますね。困った商人が、野獣との約束を打ち明けても、上の二人の姉たちは相手にしません。三番目だけが承知して、野獣の城に旅立ちます。野獣は、末娘の美しさと優しさにうたれて歓待し、娘もしだいに野獣に心をひらいていくのですが、怪物に結婚してほしいと言われてもさすがに怪物と結婚する気にはなれません。

そうこうするうちに父親の商人が病気になってしまいます。娘は、野獣に「一週間で帰る」と約束して里帰りを許してもらいます。そして娘は、野獣からもらった魔法の指輪のおかげで、一瞬のうちに家に帰りつきます。

家に帰ると父親の病気はすぐに治りますが、二人の姉が妹の幸せに嫉妬して、妹を引き止めます。妹は、断りきれずに野獣との約束を破ってしまいます。しかし、瀕死の野獣の姿を夢に見た妹は、心をあらため、指輪の魔法で城にとってかえし、息絶え絶えの野獣を介抱して、「死なないでください。私はあなたと結婚します」と言うわけです。するると野獣の魔法がとけて、美しい王子に変身して、娘と王子はすばらしい結婚式を挙げる。

とまあ、こんな具合ですが、AT四二五番には、もう一つ「アモールとプシュケ」が一緒におさまっています。アアルネとトンプソンの話型構成をみると、AT四二五番の話には、Ⅰ・Ⅱ・Ⅲ・Ⅳ・Ⅴの五つのエピソードがあります。Ⅰが怪物の夫。怪物にはいろんなのがあって、一まとめに〈不思議な夫〉と言ってもいいけれど、とにかく人間以外の異類が夫として登場し、Ⅱのエピソードで怪物（＝異類）にかけられていた魔法が解けます。だから「美女と野獣」は、構造的にはⅠとⅡでおしまいです。ところが、このタイプの話には、さらにⅢからⅤまでのエピソードが続いて、Ⅲでは魔法が解けたはずの夫が姿を消してしまいます。そこで妻が夫を捜すために旅に出る。これがⅣのエピソードで、最後のⅤのエピソードで、妻は苦労の末に知恵と勇気で夫を取り戻し、ハッピーエンド。

アモールとプシュケ

この全部のエピソードがつまったのが「アモールとプシュケ」なのです。この話は、世界中で語られていて、たとえば韓国にも「青大将聟」という面白いヴァージョンがありますが、ローマ時代にアプレイウスが著した『黄金のロバ』におさめられた話が最初の記録だといってよいでしょう。長い話なので、ここでは『ガイドブック・世界の民話』（講談社）を一緒に作ったとき、イタリア民話の研究者の剣持弘子さんがまとめた梗概をもとに紹介します。それはこんな話です。

ある王に三人の美しい娘がありました。ひょんなことから愛の神のアモールが一番美しい末娘を愛するようになりました。やがて神のお告げにより末娘のプシュケは、アモールに嫁ぐことになります。そして不思議な宮殿に連れて行かれる。そこでプシュケは「美女と野獣」の場合と同じように、至れり尽くせりの生活をする。そして、夜になると不思議な目に見えない夫がやってきますが、その姿を見ることは堅く禁じられています。

こうしてプシュケが幸せいっぱいの生活をしていると、やっぱりお姉さんが嫉妬するわけです。そして、姿を絶対に見せない夫は恐ろしい怪物に違いないと言われたプシュケは、つい蝋燭に火を灯す。その蝋燭の熱い滴が眠っている夫にかかってしまう。タブーを破ったわけです。「見たな」ということで「もう私はあなたといっしょにはいられない」と言ってアモールは去ってしまう。

そのためにプシュケは夫を探す長いながい旅にでます。そして、苦難の果てに夫を見つける。ところが、夫はすでに他の女といっしょに暮らしているのです。夫をどうやって取り戻すか、いろいろな試練をへて、最後にプシュケはアモールを取り戻すという展開です。

この話は、古い文献から出発していますが、韓国の「青大将聟」だけではなく、いろんなヴァージョンがあるので、ここでは「ちいさなカラス」というフランスの口伝えの話を付け加えておきましょう。この話の〈不思議な夫〉も「アモールとプシュケ」と同じく魔法にかけられた王子ですが、おそろしい野獣ではなく、小さなカラスに変えられているのです。この話では、娘のお父さんは目が見えません。そしてカラスが「お父さんの目を治したかったら私のところへお嫁においで」というわけです。お父さんには三人娘がいて、上の二人は嫌だと言いますが、三番目の娘が行く。小さなカラスは実は美しい王子で、娘は幸せに暮らします。ところが、やはりお姉さんたちが嫉妬してカラスの衣を傷つけてしまい、娘はカラスと別れることになる。この場合も夫が姿を消してしまうのです。その消えた夫を捜して旅をする。その過程で娘はさまざまの試練を受ける。

こんな話が、いろいろAT四二五にストックされています。そのおかげで、私たちはローマ時代の話とフランスや韓国の昔話を比べたり、そこにボーモン夫人の「美女と野獣」やディズニーのミュージカルをまきこんだりして、時代や地域やジャンルを越えて、比較研究をすることができるのです。

五　異類婚姻譚の日欧比較―メリュジーヌと熊のジャンー

東と西の異類婚姻譚

日本とヨーロッパの異類婚姻譚を比較すると、どんなことが分かるのでしょうか。

よく指摘されることは、ヨーロッパの場合は主人公が結ばれる相手の異類の正体が〈実は異類ではなく、魔法にかけられた王子や王女〉だということです。たとえば「美女と野獣」の場合がそうですね。ディズニーの話の場合には、とくに分かりやすい。王子は、人を愛することができなかったので、妖精に呪いをかけられる。そして「一輪のバラの花びらが散るまでに愛されることができなければ、お前は生涯、野獣のまま暮らすのだ」ということになる。そして、まさに最後の花びらが落ちようとする瞬間に、ヒロインが「あなたを愛してる」と言うことで、野獣の呪いがとけて野獣は美しい王子に変身する。

これに対して、日本の場合は相手の異類の正体が〈異類そのもの〉だというのです。たとえば「蛇婿入り」の場合は、蛇は人間に化身しますが、最後には蛇として退治されてしまうし、「鶴女房」の場合には、美しい娘に変身した鶴は正体を知られると別れを告げて、鶴になって飛び去っていく。昔話のレベルでは、人間と異類が結ばれて、幸せに添いとげるということは、きわめて稀です。

〈こういう違いはどうして生まれたのか〉という時に、キリスト教の影響が指摘されることがあります。キリスト教の影響のつよいヨーロッパ社会では、異類との婚姻が忌避されて、妖精の呪いという仕掛けが生まれたのだというのです。しかし、よく考えると、これでは説明のつかないことが分かります。実は、日本の場合にも異類との婚姻に対する強い拒否反応があり、その反発力はもしかするとヨーロッパより強いかもしれないからです。

そこで考えられるのは、ヨーロッパで昔話が記録されるに至った事情です。

ヨーロッパの昔話が、今日のように大人も子どもも楽しめる形になったのは、一七世紀末のペローと一九世紀初頭のグリム兄弟のおかげといってよいでしょう。これは、初期のディズニーアニメの題材が特にペローにかたよっているのをみれば、よく分かると思います。この二人の昔話集の間には百年以上のへだたりがありますが、それはフランスとドイツの近代化の歩みの違いからくると思いますが、その話はまた後の機会に譲りましょう。

とにかく今日のヨーロッパ昔話のパターンを形成するうえで、ペローとグリム兄弟の影響は否定できません。とくにグリム兄弟の影響は圧倒的で、それ以降の昔話研究と記録のありかたを決めてしまったと言ってもよいのではないでしょうか。よく知られるようにグリム兄弟は一八一二年に昔話集を出版しますが、当初から読者としての子どもを強く意識していました。兄弟は、昔話を記録すると同時に、昔話の研究を精力的に推し進めます。彼等の記録した昔話集（『子どもと家庭のためのメルヘン』）には、彼等の時代の精神や、啓蒙主義的な子ども観が強く働いていたので、そこに〈人間と異類との幸せな結婚〉の話などが入り込む余地はなかったのだと思います。

しかし、ペローやグリムが昔話集を編んだ時代にも、語りの世界には〈人間と異類との幸せな結婚〉の話が少なからず残されて、語り継がれていたはずです。そんな話を次に三つほど紹介して、今日の話を終わりたいと思います。

メリュジーヌ

最初の話は、フランスのポワトー地方の「メリュジーヌ」という伝説で、日本の「海幸・山幸」と非常によく似ています。これは、リュジニャン家という実際に十字軍の時代に活躍した一族の話で、彼等はポワチエに近いリュジニャンという村にとても美しい城を所有していました。この城は、めぐりめぐって十四世紀末に大貴族ベリー公の所有となりました。そして彼が描かせた有名な時祷書に、城の美しい細密画が残されています。そのリュジニャン城の塔の上をよく見ると、奇妙なことにドラゴンが飛んでいるのです。

なぜドラゴンが塔の上にいるのか。それには次のような話があります。

むかし、一人の貧しい若者がいました。その若者は、領主に仕えていましたが、ある日森の泉のそばで妖精メリュジーヌに出会って親しくなり、結ばれます。その結婚の時に、妖精が知恵を授けます。若者が手柄を立てて領主から「褒美はなにがよいか」と言われることがあったら「鹿の皮一枚で蔽える土地を下さい」とお願いするとよい、というのです。若者は手柄を立て、領主に望みを伝えます。すると領主は「鹿の皮一枚とは聞いたことがない。ぜひ叶えてあげよう」と言いますが、その鹿の皮というのは実は魔法の皮で、それを細く切ると、糸のように無限に延びて、それで広大な領土を覆うことができたのです。領主は約束を果たします。広大な土地を得た上に、妖精は不思議な力を持っていますから、そこに道や橋を造り、たちまちのうちにたくさん城が生まれました。中でも最も大きくて美しいのが、このリュジニャン城だったのです。

領主となった若者と結ばれ王妃となった妖精は、幸せに暮らしますが、二人の間には一つだけ大切な約束がありました。妖精は結婚に際して「私は、土曜日に沐浴をするから、その時は絶対に見ないでください」と若者に約束させたのです。しかしタブーは必ず破られます。領主となり、子どもにも恵まれた若者は、ある日うっかり、妻の沐浴を覗いてしまいます。すると妻は下半身が蛇の姿をしていました。彼女はドラゴンだったのです。

右　リュジニャン城の塔の上を飛ぶドラゴン
左　メリュジーヌの民衆本挿絵

タブーが破られれば、人間と異類はいっしょに暮らすことはできません。妻は当然去っていきます。しかし別れ際に、「私はいなくなるけれど、必ずあなたとあなたの子どもたち、子孫たちを見守りましょう。特に、お城が代替わりする時には必ず私が姿を現わして、塔の上を舞う姿が見られるでしょう」と言い残します。だから、代替わりしたベリー公の城の塔の上には、ドラゴンが描かれることになったのです。

このメリュジーヌの話には、〈異常誕生〉のエピソードも残されています。妖精と若者との間に生まれたユリアン、ウード、ギイ、アントワーヌなどという子どもたちは、それぞれ不思議なパワーを発揮するのですが、みんな一つ目とか、三つ目とか、牙が生えているとか怪物ぞろいです。しかし彼等の力は人びとに認められていて、怪物だからといって排除されることはありませんでした。異類との結婚が、異類のシルシを帯びた子どもをもたらし、そのシルシがパワーの元になって、王の支配のシルシになる。そういう話がヨーロッパにも語り伝えられ、大切にされてきたのです。

熊のジャン

次の話は「熊のジャン」といって、フランスの話ですが、同じタイトルの話がヨーロッパ各地に伝えられています。日本の「力太郎」という話を知ってますね。あれとよく似た話で、主人公が歩いて行くと、向こうからすごく力のあるやつがやって来る。その冒頭の部分がちょっと面白いので紹介します。

昔、木こりの夫婦がいて、大きな村のはずれに住んでいた。森はいつも木を切る音でいっぱいで、まるで小石の入った空の大樽みたいに響いていた。木こりのおかみさんは柴刈りに森の中へ入って行った。長いことかかって亭主や粗末な小屋をあっためる薪を集めて歩いた。だけどある時、だいぶ遠くへ来てしまって、道から外れちゃったんだよ。日が暮れて道がわからなくてがっかりしていたら、大きな茶色い熊が来て、穴へ来いという。そのころはけだものだって口を聞いたんだよ。おかみさんが安心してついて行くと、穴に着いた。毎日熊は食い物を探しに出かけるから、出掛けにはきっと大きな岩で穴をふさいで行く。おかみさんは閉じこめられてしまってね。ところが、しばらくすると子どもができたことがわかった。おかみさんは、いつかこの子が穴から出してくれるんじゃないかと思ってほっとしたんだよ。そして、幾月か過ぎて、ある朝大きな赤ん坊を産んだ。この子は小さい時から力が強くてね。三月目にはもう閉じこめられている岩を動かして、六月目にはそいつを倒してしまった。それで、二人は逃げ出した。木こりは大喜びで二人を迎えた。

熊が熊のままで人間と結ばれて、すごい力を発揮する。〈異常誕生〉に〈異常成長〉がついてくる。飯を一杯食えば一杯だけ、二杯食えば二杯だけ、ぐんぐん大きくなる。力も強くなる。日本の「桃太郎」にもこのタイプがありますが、熊から生まれたジャンもすごかった。なにしろ、熊の父さんみたいに体中に毛が生えていたというのです。

それから学校へ行くんだけど、先生が叱ろうとすると、先生の首っ玉をつかまえる。先生は、こんな子を学校に預かるわけにはいかない。体も大きいから仕事を習わせたほうがいいという。それで鍛冶屋に行ったけど、鍛冶屋でもだめで、しょうがないから金棒を持って、力太郎みたいに旅に出る。三人の仲間に会う。ところが、この仲間は良い仲間じゃなくて、ジャンが地下に降りて王女様を助け出したのに、仲間が王女様をうばって逃げて、ジャンの方は地下の国に閉じこめられてしまう。

やはり日本に「甲賀三郎」という話がありますが、それとそっくりですね。この話でも、人間と異類が結婚するのですが、熊は熊のままで、けっして魔法にかけられた王子なんかじゃないんです。しかも熊と人間の間に生まれた子は異常誕生で、桃太郎や力太郎みたいに強い。

したがって、ヨーロッパの昔話が、すべてキリスト教の影響で〈異類との婚姻を忌避している〉という指摘には検討の余地があると思います。

天人女房

最後に「天人女房」の話をしましょう。

ヨーロッパでは「白鳥乙女」という話ですが、日本ではご存じのように『近江国風土記』や『丹後国風土記』や『駿河国風土記』などに古い記録があります。天人が天から降りて、地上の川や井戸、あるいは海で、衣を脱いで水浴していると男が衣を盗んでしまう。そして、男と天人はいっしょになる。さてその後どうなるかという話ですが、君島久子さんが日中の「天人女房」を素材にして〈難題型〉〈七夕型〉〈七星始祖型〉の三つに分けて論じているので、それにしたがって話を進めてみたいと思います。

まず七夕型というのは、よく知られた牽牛と織女の話です。主人公の男は牛飼いの場合が多いけれども、天に帰ってしまった女房の後を追って、天に昇ります。すると、天女の親がいろんな試練を与えます。これも、実は〈難題型〉の一つと考えていいはずですが、最後に課された難題が問題で、例えば日本の場合だと、瓜を取って来いと言われる。取って来た瓜を縦に切るか横に切るかを男が間違えたために、水があふれ出て天の川になってしまった。そこで娘が、川の向こう側から「七日七日に逢おうよ」と言ったのに、男は「七月七日に逢おう」と聞きまちがえて一年に一度しか逢えなくなってしまった。天の川を隔てて牽牛と織女になった二人が逢う日が七夕になったという。これが七夕型です。

七星始祖型というのはスバル座の起源を語る話です。沖縄では「むるぶし」とも呼ばれるのですが、スバル座には七つ星がある。ところが、その一つだけ光が淡い。どうしてかというと、それは、むかし七人の天女がいて、水浴びに来て、一番下の子だけが人間の男といっしょになって子どもを産んだ。だから、天の者としての力を失ってしまって、光を失った。ほかの六人のお姉さんたちはピカピカ光っているのに、一つだけ光が弱いのは、その星がむかし人間といっしょに暮らしていたせいなんだ、という話です。

難題型というのは、七夕型の仲間ですが、男と結ばれたはずの天女がとつぜん天に帰ってしまう。天に帰る天女は、子どもを二人おぶったり抱えたりして、中には三番目を脚の間に挟んだりして、すごく力強いです。そして男が、天女の指示にしたがって、ようやく天に昇っていくと、天には天女の家族がいて、いろんな難題を出します。特徴的なのは、この難題に焼畑に関する仕事が多いことですね。中国では雲南の苗族のあいだで語られることが多いのですが、沖縄などで語られる話にもやはり焼畑に関する難題があります。たとえば、山の木を全部伐って、それを全部焼けとか、そこに粟を撒けとか。粟を撒いたらそれを全部集めろとか。そういう難題が続いて、そのたびに男は天女の助言でクリアーする。そして、最後に、苗族の場合はカミナリの太鼓を取って来いと言われる。その太鼓を叩いて、カミナリのお父さんとか一族をみんなやっつけて、男と天女は仲良く暮らしたという話です。

この難題型が面白いのは、かつて照葉樹林文化論と関連づけられて、盛んに論じられた経緯があるからですね。中国の長江以南の稲作文化圏のセンターが雲南省に措定されて、茶や納豆や豆腐やなれ寿司などの食文化、高床式の建物や村の構造などの住文化、さらには貫頭衣などの服装文化など衣食住の基層文化が、日本文化と共通性が高いことから、雲南省の集中調査が実施されたなかで、昔話や歌垣などの聞き取りも行われ「天人女房譚」が脚光をあびた経緯があるのです。

照葉樹林文化研究では、難題型の中核にある〈焼畑耕作の仕事〉が、〈水稲耕作の仕事〉と対比的に論じられました。雲南の山間部では、今でも焼畑が行われていますし、作っているお米の種類もいろいろあって、稲作の起源を考える上で大変重要だと考えられたのです。

照葉樹林というのは、お茶や山茶花のように冬にも葉を落とさず、表面につやのある綺麗な葉っぱをもつ樹で、雲南から日本の南半分までの一帯に分布しています。照葉樹が生きられるような生態系、エコロジカルな環境が日本の南半分から韓国の慶尚南道・全羅南道。台湾から、長江を遡って雲南省にいたる一帯があって、そういう環境のなかに共通の基層をもった衣食住の文化が育ち、天人女房の難題型（つまり焼畑型）のような伝承が色濃く分布することになったというのです。食べ物や着る物や住まいだけでなく、お話やそれにまつわる祭りも、民俗文化として共有されるというのですね。これは、とてもスリリングな仮説です。

しかし、この「天人女房」の話群は、実はヨーロッパにも分布していて「白鳥乙女」と呼ばれています。たとえば、フランスのブルターニュ地方の「ピピムヌーと空飛ぶ娘たち」という話がそれです。この話でも、若者が泉に白鳥の形で舞い降りて、水浴をしている娘の衣を奪って、その娘に連れられて、海の果ての天の国に行くのです。そして、しばらくそこで暮らすわけです。もちろんこの〈天の国〉は、キリスト教の天国ではありません。魔法使いの住む国です。天の国は、島の上に浮かんでいて、島には果樹園があります。若者は、島に暮らしていますが、果樹園の果樹や野菜などを運ぶエレベーターのようなかごに乗って、天上の娘に毎日会いに行く。すると娘の姉さんたちが嫉妬して告げ口するので、若者と娘は逃げだして、ブルターニュにもどり、娘はキリスト教に改宗して幸せになりました、という話です。

まとめ

異類婚姻譚をはじめとする昔話は世界中に分布しています。先ほどお話ししたアアルネの場合は、一九一〇年に最初のカタログを作った時、まだ北欧を中心としたヨーロッパの話しか知りませんでしたが、カタログに一つひとつの話をストックして比べれば、話の分布だけではなくて、そのルーツも分かるだろうと考えていたんだと思います。いわゆる〈伝播論〉ですね。事実アアルネは、例えば「尻尾の釣」なんかを比較研究して、北欧起源の話ではないかと考えました。しかし、昔話は研究すればするほど、研究の対象は広がり、話のルーツを探るのが難しくなってきます。

それは、あの「シンデレラ」の研究をみれば、わかります。世界中で一番古い「シンデレラ」の記録は、いまのところ中国です。でも、最初に中国で「シンデレラ」を記録した人は、いったい誰から話を聞いたんでしょう。それが分かったとしても、その語り手は、また誰かから話を聞いたはずです。その誰かのもとを突き止めようとして探っていってもきりがありません。

私はそういう研究は、面白そうですが無理だと思います。

しかし、アアルネやトンプソンのカタログのおかげで、世界中の何処にこういうタイプの話があって、それが日本の中ではどんな形で語られているかは、よく分かります。研究すればするほど、成果は積み重なっていきます。例えば先ほどの「天人女房」でいえば、「焼畑耕作の民俗と昔話がどういうふうに結びつくか」とか、「中国の『シンデレラ』ではヒロインを助けてくれるのは妖精ではなくて魚だが、おなじように魚を援助者にした話がポルトガルにもあるのは、どうしてか」などと考えるのは、とっても面白いし、いろんな仮説を立てることができます。

昔話の網の目は世界中に広がっていて、それが思わぬ形で繋がっている。フランスに「熊のジャン」があれば、韓国には、熊の女と結婚した始祖神話「檀君」がある。熊の女と神様が結婚して、朝鮮の始祖を生むのですから面白いです。でも、なぜ熊なんでしょうか。

異類婚姻譚は、とくに世界中に広がっていて、あちこちで非常にめでたい話として語られることが多かったのだと思います。そこには、いろいろな研究の種が、まだまだ見つかると思います。

〔参考文献〕

樋口淳『民話の森の歩きかた』（春風社、二〇一一年）
日本民話の会編『決定版　世界の辞典』（講談社α文庫、二〇〇二年）
樋口淳・樋口仁枝編著『フランス民話の世界』（白水社、一九八九年）
クードレッド作　森本秀夫他訳『妖精メリュジーヌ伝説』（現代教養文庫、一九九五年）
その他の民話民俗関連論文（樋口淳）は、以下のサイトで閲覧できます。
http://www.isc.senshu-u.ac.jp/~thb0309/minwa/IndexMinwa.html

狐女房譚のかたちと歴史

小池淳一

はじめに

みなさん、こんにちは。ただいまご紹介いただきましたように、私は民俗学全体を見渡しながら口承文芸、昔話も考えようという立場で勉強をしております。民俗学全体を見てゆくという場合に、私の勉強の中心であり、また学界の中でも責任があると思っていますのは陰陽道《おんみょうどう》という分野です。陰陽道とその民俗文化への影響ということをずっと勉強しているのですけれども、それとこの「狐女房」という話とが関わるということをみなさんにおわかりいただければ、今日の話はうまく行ったということになろうかと思います。

ここではまず「狐女房」という話のかたち、すなわち話型に注目し、次いでそうした話型が歴史的な展開のなかでどのように表れてくるか、ということについて考えていきたいと思います。

「狐女房」とは

まず最初に、「狐女房」がどういう話であるのか、思い出していただきたいと思います。「狐女房」とは、狐が女となって人間の男と結婚する話です。狐が狐と結婚すれば別に何も珍しくないのですが。人間と狐が結婚するから面白いというか、不思議なわけです。そこにいろんな問題が生じてきます。これまでの昔話研究の成果としては、大きく分けると二つの話型に整理されています。それは、狐が奥さんのいないところに来るパターンと、人間の奥さんがいるにもかかわらず、狐が化けて来るパターンとがあるということです。つまり、一人女房型と二人女房型とに分けるということですね。

面白いというか興味深いのは、なぜそういった狐と人間とが結婚することになるのかという点です。そして、結婚すれば、昔話の世界では当然子どもが生まれるでしょう。その子どもがどうなるのか。狐は異類でありますから、いつか母親である狐と別れる運命になっているわけですね。その別れのシーン、そして別れた後、子どもはどうなるのかという問題。そこに、われわれ日本人は、非常に興味を覚えてさまざまな要素を付け加えていくわけですね。「狐女房」というのは、ですから狐が嫁さんになるというだけではなくて、それによって生ずる様々な問題というのがこの昔話の面白さにつながっていくというわけです。

「狐女房」の研究史

そういった「狐女房」の研究史について、最初に主なものだけ、ごく簡単に振り返っておきます。たぶん、一番決定的な研究というのは折口信夫の「信太妻の話」という論文だと思います。これは大正一三年(一九二四)に発表されたものですけれども、かなり重要なことを言っている研究だと思います。『古代研究』の民俗学篇1に収められているる論文ですね。その後、関敬吾先生の「杜の乙女」という、日本中の伝承と、日本の文化の中での位置付けということを広く見渡した論文が『昔話の歴史』（一九六六年、現在は『関敬吾著作集（第二巻）』に収録）という本に入っております。近年の研究というのもたくさんあって、ひとつだけ是非にと思うのは、中村とも子さんの「昔話「狐女房」を考える―口承が受容するものとしないもの―」（『口承文芸研究』一八号、一九九五年）という御論です。これは、副題にありますように、言い伝えが受け入れる部分と受け入れない部分とがあるという観点から研究をされています。日本中の「狐女房」の伝承を全部調べた上で、文字文化との関わりということを考えていらっしゃるもので、これは卒業論文とか修士論文で「狐女房」を取り上げようとしたら、まず、読んでおかないと始まらないだろうという、いい論文だと思っています。中村さんにはもっと詳しい御研究（「昔話「狐女房」とは何か―口承が受容するものとしないものの一考察―」『土曜会昔話論集Ⅱ　昔話の成立と展開2』、二〇〇〇年）もあり、こうした中村さんの御研究を出発点にすべきだろうと思います。

一　不変部分と可変部分

話型の確認

それでは、昔話の不変部分と可変部分という点から考えていきたいと思います。最初に昔話の伝承様態について確認しておきたいと思います。お分かりの方も多いと思いますが、昔話は話の種類ではありません。昔話というのは、これは話を伝える時の一つのスタイル、様式である、伝承の様態であるというふうに考えられます。

昔話というのは日本の民俗学においては「昔むかし」で始まり、聞き手が相槌を打ち、そして結末の文句が「一期栄えた」とか「どっとはらい」という言葉で終わる。「昔むかし」でフィクションの世界が始まり、それを真剣にとらえるという聞き手の相槌があり、そして「どっとはらい」とか「一期栄えた」という言葉で、これでそのフィクションの空想世界は終わりですよという、そういったはっきりとしたしるしがあり、語りの作法があるわけです。その中で話される話を昔話というのです。

だとすると、その話し方のルールを守らない、様式を守らない場合は、それは時には伝説であり、場合によっては世間話であるということになります。そして、もっと言うならば文学としても扱える場合もある。すなわち「狐女房」という話は、実はこういった昔話もありますけれども、伝説としても世間話としても、そして文学としても語り継がれて来た、あるいは文字に記され、表現されて来た。そして、それらを読むということを通してもわれわれは受け止めて来たということになるわけです。そのように極めて広く日本の文化の中に広がっている話だということを最初に確認しておきたいと思います。「狐女房」は昔話として語り継がれてきた面もあるということですが、それだけではないのだということですね。

一応、昔話の話型を確認しておきたいと思います。まず、関敬吾先生や野村純一先生が作られた『日本昔話大成』第十一巻「資料編」（一九八〇年）に載っているものには次のように分類されています。

一一六A　狐女房・聴耳型（cf.AT五五四、六七一）

若者（安倍保名）が狐狩りで逃げて来た狐を助ける。訪ねて来た女と結婚する。添乳して尻尾を出しているのを子供に発見される。正体を見られた母親は「恋しくば尋ね来て見よ和泉なる」の歌を書き置きして去る。父は信太の森に尋ねて行って、聴耳をもらって帰る（子供の聡明を示す呪具）。

一一六B　狐女房・一人女房型（始祖型）

残された子供は聡明で人に勝れ、のちに一族の始祖（陰陽師《おんみょうじ》）になる型。

一一六C　狐女房・二人女房型

若者（安倍保名）が狐を助けたことがある。彼が病気になる。狐は保名の許嫁の葛の葉に化けて彼を介抱する。夫婦になって子供が生まれる。そこに本当の葛の葉が現われる。偽の葛の葉は「恋しくば」の歌を残して去る（この形式は文献に多く見られる）。

一一六Aの聴耳というのが実は、その後の子どもの成長や物語の面白みにつながってゆくところなのです。この聴耳というのはご存じの通り動物の言葉がわかる、そういう不思議な宝物なのですね。そのことは生まれてきた子どもにいろんな影響を与えます。一一六Bでは、残された子どもが後に一族の始祖で陰陽師になる。

次に、稲田浩二先生が作られた『日本昔話通観』の「昔話タイプインデックス」（一九八八年）の「狐女房」です。ここでは次のように分類されています。

「225A　狐女房―離別型」

「225B　狐女房―聞き耳型」

「225C　狐女房―田植え型」

「225B　狐女房―聞き耳型」を見ますと、その最後のところで「③父親が子供を連れて信太の森へ行くと、狐は母親の姿で現われて子供に乳を飲ませ、動物の言葉のわかる聞き耳を与えて姿を消す」とあります。そして注記があって、「「離別型」の展開したもの。異類婚姻で生まれた子供は異能を備えている」とあります。異常な能力があるということですね。人間と狐から生まれた子どもは、特殊な能力がある。当然と言えば当然ですけれども、そこに日本人はいろんな意味合いを込めて来たのだということになるのだと思います。

狐女房譚の多様な実態—昔話・伝説・古浄瑠璃

こういった「狐女房」の伝承の実態というものを探って行きたいと思います。

まず、私自身が直接語りを聞いたものを出しておきます。青森県下北郡東通村に目名という集落がありますが、その中里さなさんという、大正二年生まれの方の語りです。私が大学の卒業論文を書いた時にお伺いして、それ以来、亡くなるまでお付き合いをさせていただきましたけれども、中里さんは、もうちょっと早くに出会えたら百話ぐらいは聞けたのではないかと思うぐらいのいい語り手でありました。その中里さんの話を『昔話—研究と資料—』の十六号（一九八八年）に十話だけ報告をしました。その時、中里さんに「今度、お婆ちゃんの話を本に書くんだけれども、どの話をみんなに知らせたらいい？」と聞きましたら、少し考えて、「やっぱり「安倍の保名」だなあ」というふうにおっしゃったことを覚えています。つまり中里さんにとっては、大変大切な印象深い話だったのだろうと思うのです。改めて見てみると、わかりにくいところがいくつもある話です。青森県の下北ですから大変方言がきついところで、私も大学二年生の時に初めて行ったのですが、外国にいるようで一週間何が何だかわからなかった。帰って来まして、同じ日本に生まれながら青森の言葉がわからないのは悔しいと思って、そこで青森県をフィールドにしようと決心したのですね。元々が東京育ちの人間が聞き取っていますから、ちょっと怪しいところもあるということをお許しいただきたいと思います。

安倍の保名

安倍の保名《やすな》って言《へ》る人ァ戦さでなァ、負けて、びっと崖から落ちて、安倍の保名って人ァその時十七、八になる娘さんが、その保名って人を、家《うち》さかづき込んで助けてけたんだって。

したら、一人は年は若いべし、一人は器量良かべで、まァそこで結婚したわけだ、二人して。結婚したら、子どもァ出来たの。子どもァ出来て、それでもほれ、体見せねでいたったで、そしたあの、男だもの、ただ居られねぇきゃ、山へ行ってきたきゃ、そのまに狐《きつね》になった。ひたきゃ縁側さ昼寝してよ、ちゃっと、こう昼寝して、ここ（腹）さ、子ども入れて寝てたきゃ、まっ白い狐だ。そこでさ、親父ァ、見ね振りして奥さ入ったって。そこでその子どもの親ァなァ、我ァ姿見られたして、そこに居られねぇなぁって、気持ちで、今度ァ親父は腰悪くしたのだって。それ、腰悪くしたのだ、見られたどこで、どかこうかしねば離れられねぇ。腰悪くしてどもならねぇとき、薬買いに行く時、十五夜の晩げ、三つかなんぼになる童《わらし》かかえて、薬買いさ行ったの、隣村へ。

そうやって十五夜のお月様出たとき、その薬買って、子どもかてて戻ってきたの。ひて、今、家ァそこだどき、そこでなァ、その子どもにとうさんにこの薬持ってて飲ませれば直るして。我《わい》は行きあいてっから、高天原さ来て、おーいって三回呼ばったら、我《わ》ァ出てくるしてって、

「泣かないで行け」

ってひったと。そして我ァここで来たもんだって、おっかなぐなかったかって、何もおっかなくなかったたって、

「これ、飲めば良くなる」

って言ったてな。それ飲んで三日か四日たったきゃ直ったたって。したら我《わ》ぃさおぶされ、行ってかあさんに会うべしって、行って、ずっと山の中さ、行って呼ばったもんだと。ひたきゃ、まぁ、白い狐、八十にもなるよんた年寄りで、バタバタて山の沢から出てきたの。

「汝ァ、したら姿になれば、我《わ》ァ来てもわかんねぇなァ、わかんねぇして、子どもさ知恵貸せよ」

って、戻ってきたんだって。（後略）

はっきりと話型が頭の中に入っていないと非常にわかりづらい話ですが、要するに、安倍保名のところに狐が嫁に来て子どもを残して去って行ったというのがここまでであります。

この後は、子どもの活躍に移っていくわけですね。全く違う話が入って来ます。大変に頭のいい女の子が生まれて、器量もいい。その子が、お殿様に見込まれて、無理矢理奥さんにさせられます。ところが、お殿様が病気になってしまいます。どうして具合が悪いのか、はっきりとは言えない。実はその頭のいい女の子というのが人間ではない。それをここでは「だっき」（狐）と言っています。狐だというのですね。妖しい狐であって、それが殿様を病気にさせているのだという。そこに先程の、母親と別れた子どもの安倍童子というのが出て来て、これは人間ではなくてだっきなんだと言います。世の中をだっきの世にするために来たのだと見破って童子は戦いを挑む。戦いの結果、何とか童子がそのだっきを倒すというのが後半の話になっています。

これは、いわゆる「九尾の狐」の話が付いていて、この九尾の狐を倒す力を持った、そういう能力がある主人公を描くというのがこの中里さな媼の「安倍保名」の話の面白いところです。

これは下北半島で「昔コ」すなわち昔話として私が聞き取ったものですが、伝説としてもそういった「狐女房」が使われているパターンがあります。『利根川図志』という本がありまして、十九世紀の中ごろに出来たものですけれども、利根川沿いのさまざまな文物についての記録であります。その中に「栗林義長伝」という話があります。戦国時代にこのあたりで活躍した、大変頭のいい武将の話なのですが、それが「狐女房」のパターンを取り込んでいます。

　常州岡見の長臣栗林下総守義長といふは、同国河内郡根本村の農夫忠七の二男、竹松の孫なるよし云伝ふ。（中略）、根本といふ里に一人の農夫《ひやくしやう》あり。名を忠七といふ。貧なる者といへども慈悲ふかく、正直にして一人の母に孝あり。或時母少し病める事有りけるに、是をあんじ、土浦に至り薬を求め、其かへるさ根本が原にかゝれり。人里遠き野原にして、道ゆく人も稀なりけるに、一ツの古狐松のかげに寝入りて居たりけるを、其あたりの猟人《かりうど》、しのびよりて射てとらんとねらひしを、かの忠七は是を見て、ふびんと思ひ助けやらんと、高らかに咳をしたりしかば、狐は大に驚きて目を覚まし、草むらの中へはしり入ける。猟人《かりうど》は大に腹立ち、獲ものをかへせとのゝしるゆゑ、忠七さま〲と詫言しけれども、猟人《れうし》はさらに聞入れず、忠七是非なく二百文有ける銭をかの者に遣はし、やう〱とわびして我家に帰りけり。然るに其日の暮つかた、五十有余の男一人、はたちばかりの女を連れて忠七方に来り云ひけるやう、我らは奥州の者にて鎌倉へ行くものなるが、日暮れて難義に及ぶ。何卒一夜の宿かしてたべと、泪ながらにいひける故、母も忠七もふびんと思ひ、道もしれぬ野原なるに、足弱《あしよわ》を連れたまへば定めてなんぎなるべし。一夜は明させつかはすべしと、其夜は二人をとめたりけり。偖《さて》翌朝になりければ、かの女泪《なみだ》をながし云ひけるやう、みづからは奥州岩城郡の者なるが、不仕合《ふしあはせ》の事ありて身上をしまひ、鎌倉の伯父の所を尋ねんと、譜代の家来を供につれ此所《このところ》まで来りしが、昨夜わらは寝入し時、かの男は路用を持ちて逃げしと見ゆ。かへす〳〵もくやしけれ。最早後へも先へも行きがたし。何とぞ鎌倉へ参る迄、いかなる憂《うき》くげんも仕るべければ、御かくまひたべかしと、泪を流して頼みけるに、母も忠七も実心の者にてふびんに思ひ、然らば四五日足をやすめ給へ。何とぞして鎌倉へ送り届け申すべしとてさし置ける。かくて此女容顔美麗、のみならず発明にして、百姓《ひやくしやう》の業も並より早く、糸機針仕事ひとつとしてたらざる事なく、何事もやさしく、母にもよく仕えしゆゑ、母も殊の外気に入り、近所あたりの者迄も誉めざる人はなかりけり。かくて月日に関守なく、四五日と思ふ内にはや四五十日も過ぎけるが、近所の者心づき、母と忠七に相談し、隣家の弥兵衛を仲人となし、双方咄し調ひし故、忠七と夫婦にこそはしたりけれ。早くも八年《とせ》の星霜を経て、三人の子を設け、姉のお鶴は七歳になり、其次は亀松とて五歳なり、三男竹松は三歳にぞ成りにける。折しも秋の末つかた、女房は庭の方をうつ〳〵として詠《なが》め居けるが、泪をながし、われ思はずも人間に相馴れ、きのふけふとは思ひしが、もはや八とせを過すうち、三人の子迄設けし事なれど、浅ましきは根本が原に年経たる狐なり。ひとたび人にさとられては、人間界の住居はならず、畜生の行へこそかなしけれと、泪を流し一人ごととして泣きわめけども、悔《くや》みてかへらぬ身の上なり。さるにても不便なるは三人の子供、いとをしきは母上様、忠七殿も名残をし。此まゝ別れて行くなれば、さぞや後にてうらむらん、堪忍してたべ忠七どのと、くりかへし〳〵せきくる泪と諸共に、一詩をしたゝめ竹松が帯へ結ひつけ、夕暮に根本が原の古塚に、なく〳〵別れて帰りける。（中略）

　　みどり子の母はと問はゞ女化《をなばけ》の原になく〳〵臥すと答へよ

さて忠七は三人の子供を養育し、後に三男の竹松成長の後、京都に行きて身を立て、其孫十二歳にて、故郷《ふるさと》なつかしとて関東へ尋ね下りしに、信州の山奥にて道に迷ひ異人に逢ひ、其所《そのところ》に五年を送りし内、天文地理軍学文武

狐の石像と社殿（写真は女化神社提供）

の道に達し、十七歳にして常陸の国へ来りける。爰に岡見の臣に、柏田《かしはだ》の住栗林左京と云ふ者あり。一人娘有りける故、此を聟となして栗林次郎と名付け、後に下総守義長と号し、関東の孔明と称しける。（是より後根本が原をなばけの原といふ、今女化稲荷の社あり。）

関東の諸葛孔明と呼ばれた程の智将は狐の子であったというのです。

さらにこの話は、女化稲荷《おなばけいなり》という神社の由来でもあるわけです。この女化稲荷に関しては、長沢利明さんの「女化稲荷—茨城県竜ケ崎市馴馬—」（『東京の民間信仰』、一九八九年）という論文があります。これによると北関東一帯に女化稲荷の信仰が広がっており、主に農村で信仰されています。女化稲荷に参詣して御砂《おすな》というものを貰って来て、自分の耕している田んぼや畑に撒くと大変豊作になるという稲作の信仰があったそうです。この女化稲荷神社で御砂を取るのが、母狐が帰って行った古塚の穴の周りの土だそうです。そういった信仰がごく最近まできちんと残っていた。つまりこれは女化稲荷の伝説ということになりますね。

長沢さんの論文の中でもう一つ面白いのは、栗林義長という武将の子孫が、姓を栗林から栗山に改めて、茨城県筑波郡伊奈村にいて、その栗山さんが、正月十五日には「栗山年始」と称してわざわざ先祖にゆかりのある女化稲荷に参詣するという行事もあったという指摘です。そうすると、この話は単なる神社の伝説というよりも、栗山の家の伝説でもあるということなのです。伝説が、神社だけではなく、家によっても伝えられていくということを示しています。そして、ここでのわれわれの興味は、こうした話は伝説のかたちではあるけれども、話型としては「狐女房」であるということです。

更にこれが文学としても広く受け止められていった、あるいは文学の中に取り込まれていったパターンというのがあることも確認しておきたいと思います。それは古浄瑠璃の『信太妻』です。その本文の母狐と子どもとの別れの場面は、こんな風に語られます。

されば にや女房、世の常の人ならず、信太の、野干《やかん》なりしが、保名に命助けられ、その報恩のため、人界《にんがい》に交わり、はや七年《ななとせ》になりにける。

野干といっているのは狐のことです。安倍安名に命を助けられ、その恩返しのために人の世に来て七年になった。この狐女房は、菊を眺めていてうっかり気をゆるめてしまって、その姿を子どもに見られてしまう。お母さんが狐になっているものですから、子どもは「やれ恐ろしや」と言って、大変に驚いて怯えてしまうのです。そこでこのお母さんは運命を悟るわけですね。このまま一緒に暮らすことはできないだろう。せめてこの子が十歳になるまではいっしょに育てていきたかったんだけれども、これはもう別れて行かなければいけないということを考えるわけです。ここで親子の情愛というものを、たとえ狐であっても強く延々とかきくどきます。忘れちゃいけないのは旦那のことですね。安名も、きっと私がいなくなったらびっくりするだろう。そこで、

夫《つま》の安名、不思議をなさせ、給うべし。あらましを、書き置かばやと、硯《すずり》引き寄せ、文《ふみ》こまごまと、書かれたり。

と、夫にも書き置きをいたします。それは、最初の出会いの部分の繰り返しになるのですね。私は実は信太の森の狐である。あなたに命を助けられて、その恩返しのためにというふうに、浄瑠璃という語りの文学ですから繰り返し、繰り返しそれを語るわけです。

ああさてむざんや幼き者が、夜にもならば、母よ母よと、尋ね慕わん、ことどもを、思えば思えば、悲しやと、

そのまま若に取りついて、前後不覚に泣くばかり。

そして最後に、童子の着物の紐に結わえつけて一首書きます。

恋いしくば、尋ね来て見よ、和泉なる、信太の森の、うらみ葛《くず》の葉

この歌も、先程の『利根川図志』の「女化《をなばけ》の原になく〳〵臥すと答へよ」の歌と同じように、よくわからない歌なんだけれども、自分の素性を和歌のかたちで告白することになっています。上演の場では朗々とここを謳い上げるわけですね。意味がよくわからなくても、ここでもう母と子が別れなければいけない。そういう思いが込められた場面です。

陰陽道とのかかわり――『簠簋抄』への展開

このように文学のかたちで古浄瑠璃が近世の初期の頃に、文化史的には中世の終わりの時期に生まれて参ります。この時点ですでに「狐女房」が文学作品に取り込まれている。そこで大変に日本人の感情を揺さぶるものになっていくのですが、実はそれだけではなくて、もっと他の展開もあるわけです。最初の中里さな媼の伝承にもありましたように、他の話とくっついて行くのです。特によくくっつくのが「聴耳」という話型です。先程も確認したように、動物の声を人間の声に翻訳できる便利なものがあって、それをお母さんから貰う。あるいは手に入れて、残された子どもが不思議な力を元に活躍するという話になっていきます。これも実は文学の中にきちんと取り込まれているのです。

これを考える際に私が重要だと思いますのは、中世の陰陽道に関する知識を集めた『簠簋抄《ほきしょう》』の序の話であります。簠簋《ほき》というのは箱のことです。ただの箱ではなくて不思議な宝物を入れる箱といったニュアンスがあります。ただし、ここでは簠簋は本のことです。不思議な宝物が入る箱に入っていた陰陽道の本という意味だと思っています。『簠簋抄』というのは『簠簋』という本の内容の注釈なのですが、その序は、その不思議な本、『簠簋』そのものの由来、その本がなぜこの世に現れたかという話になっています。その話は大きく七つに分かれています。粗筋をみておきましょう。

Ⅰ　『簠簋』の天竺から唐への伝来（文殊菩薩から伯道上人へ）
Ⅱ　唐から日本への伝来（吉備真備への唐での試問）
Ⅲ　龍宮からの伝来（安倍童子、「聴耳」の力を得る）
Ⅳ　童子の母は狐（「信太妻」）

Ⅴ　道満との争い（一）
Ⅵ　九尾の狐とその討伐
Ⅶ　道満との争い（二）

最初は天竺（インド）の文殊菩薩から伯道《はくどう》上人に与えられた。伯道上人というのは中国の人ですので、唐へ持ち帰ります。ところが、その唐に日本から吉備真備《きびのまきび》という人が遣唐使としてやって来ます。その吉備真備が唐の皇帝といろいろとやり取りがあって、そのご褒美としてこの『簠簋』を貰うのです。それで日本に来る。『簠簋抄』の序はここでバチッと話が切れていて、急に安倍童子が出て来ます。安倍童子は、実は吉備真備が唐で大変苦しい状況に置かれていた時に、そっと鬼のかたちをして出て来て、助けてくれた阿倍仲麻呂の子孫だという言い方で、安倍童子と結びつけています。阿倍仲麻呂というのは、遣唐使として唐へ行ってそのまま帰らなかった有名な人物ですけれども、説話の上では鬼になってしまったということになっています。その鬼になった仲麻呂に吉備真備が助けてもらったので、その恩に報いるために、関係のある安倍童子に『簠簋』を伝えたというふうに言っているのです。この辺は無理につなげているなといった感じですね。そこで話は少し切れていて、次の「Ⅲ　龍宮からの伝来（安倍童子、「聴耳」の力を得る）」になるのですが、そこの本文は次のようになっています。

○其ノ後、彼ノ童子モ化《ケ》来ノ人ナル故ニ、年シ積《ツモ》リ、鹿島之明神ニ百日参籠《サンロウ》申シ、其ノ内、万事、死相ヲ不レ可ルレ見由《ヨシ》、誓願《セイグワン》ス。

と書いてありまして、主人公が吉備真備から安倍童子に変わってしまい、この童子が蛇に乗せてもらって龍宮に行き、龍宮城で箱を貰って来る。その箱の中に『簠簋』が入っていたという。天竺や唐での話はどこに行ってしまったのかわからなくなり、今度は『簠簋』は龍宮から来たという話になっていきます。

ここでまた話が切れて、別の話に繋がります。安倍童子という少年が龍宮城に行って『簠簋』を貰って来たところから、また話が変わって、この安倍童子は筑波山の麓の猫島の人などとも言うけれども、こういう不思議な能力を持った人はどこで生まれたかよくわからないのだといいます。ここでいきなり、

彼ノ清明ガ母ハ、化来ノ人也。遊《ユウ》女往来之《ノ》者《モノ》ト成リ往行シ給フヲ、猫島ニテ、或ル人ニ被《レ》レ留、三年滞留有ル間ニ、今ノ清明誕《タン》生有。

というのです。「化来《けらい》ノ人」というのは何だろうと思って読んで行くと、

既ニ童子三歳之暮《クレ》、歌《ウタ》ヲ一首連《ツラ》ネ給テ曰ク、恋《コヒシ》クハ尋《タツ》ネ来テ見ヨ和泉《イツミ》ナルシノダノ森《モリ》ノウラミ葛《クツ》ノ葉《ハ》、ト読給テ、攫消《カキケス》様ニ失《ウセ》ニケリ。

こんなところにあの歌が出て来るのですね。つまり、「化来ノ人」と言っているけれども、このお母さんというのは狐だったということでしょう。そして、ここに「狐女房」の話、子どもの誕生の秘密を押し込んであるわけですね。

この後、

故ニ清明、上洛ノ砌リ、先ツ母ノ読置シ歌ヲ如何ト思ヒ、和泉国ヘ尋行キ、シノ田之森ヲ尋入テ見レバ、社壇《シャダン》在レ之。伏拝《フクハイ》シテ母ノ様子ヲ祈誓《キセイ》スレバ。古老《コラウ》経《ヘ》タル狐《キツ》ネ一疋《ヒキ》、我ガ前ニ而出来ッ、我コソ汝ガ母ナレト云テ、失ニケリ。是レ即、シノ田の明神ニテ御座《オハシマス》也。故ニ清明者、博士一道自然智ニシテ、天下ニ名ヲ馳《ハ》スト云々。

とあって、お母さん狐が登場して来て、確かに実の母親は狐であったということになるわけです。狐の子どもだったから聴耳の力を持つ宝物を貰って、安倍晴明になって陰陽師として大活躍をするという話になっていきます。ここは、

話のつながりが悪い上に、説明としては順番が入れ替わっています。本当はⅣ・Ⅲというふうに話型では進むはずなのに、Ⅲ・Ⅳの順番になっている。先に不思議な宝物を貰う時、これはお母さん狐とは関係なしに、龍宮から手に入れて、その後、実はこの人のお母さんは狐でした、という話になっています。

なぜこの話がこんなに継ぎはぎが目立つのか、ということですが、見通しはすぐにつくのですね。要するにいろんな話を集めて来て『簠簋』の由来に作り直したんだと。だから、この話自体をトータルで研究してもあまり大したことは言えなくて、一つ一つの話をばらして考えていかなければいけない。ばらして考えて行くと、今も申し上げたように、ここに「信太妻」が入っている。「狐女房」が入っているじゃないか。じゃ、この「狐女房」がこういう陰陽道の文献に残される時代というのは、どういう時代でどういった社会的文化的な背景があったのか、ということを考えるべきだと思っています。今日の私のお話も、実はそういった作業の一環なのです。

『簠簋抄』序の中に「狐女房」譚が入っていく。なぜ入っていくかということを考えてみましょう。この安倍童子が後に陰陽師の安倍晴明になって行くわけですが、安倍晴明がいかに不思議な、そして素晴らしい力を持っていたのかということに集約していこうとする意図があったのでしょう。そのためにに当時あったさまざまな話を集めていく。そして、安倍晴明の力の根源であるところの『簠簋』につなげようという意図があるのだろうと思っています。

話型という視点では、これが大事なのだろうと思うのです。つまり、狐の母親から生まれてきた子どもには不思議な能力が備わっているという「狐女房」のパターンをうまく活用して行く動きが、古浄瑠璃の時にもあるし、『簠簋抄』の時にもあるのだということです。そうした使われ方をするのが「狐女房」という話型の特徴だし、逆に言えば話型という視点で、全然関係なさそうな古浄瑠璃と『簠簋抄』とを結びつけ、中世という時代においてとらえることができる、見通せるという研究上の利点があるというわけですね。

伝承の特徴

伝承の現場において話は、その場の知的な環境やそこでの聞き手の理解力に応じて変化して語られます。伝承のもっとも顕著な特徴は、その過程で話型を逸脱したり修正したりするということです。昔話研究としては、これは話型だというふうに捉えて、このパターンはほぼ変わらない、この部分が「狐女房」だ、というふうに不変部分を抽出して行きます。

けれども、これが古浄瑠璃に入っていたり、『利根川図志』に入っていたり、『簠簋抄』に入っていたりする。入っていくために変わってゆく部分、そこを可変部分というわけですけれども、そういった変化する部分というのは、その時代、その社会において必要だから変化したのですね。だから、変わらない部分はもちろん大事ですけれども、変わってゆく部分、可変部分も重視しなくてはならない。それこそが伝承の宿命で、変わることが伝承の生命力なんだということになります。

われわれは伝承というと、それはお爺ちゃんやお婆ちゃんから聞いたこと全てを変えずに伝えなければいけないというふうに思いがちです。しかし、よくよく考えて見ると、伝えるために工夫する。その工夫は、場合によっては伝えられたことを現代に合わせて、今の生活に合わせてアレンジすることであります。ですから、伝承ということと不変ということとは必ずしも結びつかないのであって、伝承というのは実は変化する。変化するということのほうが伝承の特徴である。昔話の研究においてもそう言えますし、民俗学全体に関しても、私はそう言えるのではないかと思っています。これは私一人の考えではなくて、現在の民俗学がそういう立場で大きく変わってきているところなのです。

二　宗教史のなかの狐の信仰

『簠簋』の出現―不思議な狐の力（一）

後半の話題に移ってゆきたいと思います。宗教とか宗教史といいますと大変高邁な、難しい問題のようにも思われますけれども、民俗学の立場から宗教を考える時には、なるべく具体的なものに置き換えて行きます。ここでは宗教史というけれども、実はそれは、狐が日本の宗教の中でどう位置付けられてきたか、という問いの立て方をしてみようということです。その時に狐が女の姿になって人間の世界に関わってくるという「狐女房」のパターン、狐と異能の人物の誕生との結びつきが、ずうっと日本の文化の歴史の中にあるということが有力な視点になって行きます。

その最初の例が、これまで見てきた『簠簋抄《ほき》』の序の話です。繰り返しますと、『簠簋』というのは陰陽道のいろんな知識を書いた、キリスト教で言うと聖書に当たるような大切な書物です。『簠簋抄』の序ではこの『簠簋』を持っている者こそが陰陽道の第一人者であるという話になっている。『簠簋抄』は、その『簠簋』の注釈書なのですけれども、なぜこんな素晴らしい本がこの世に出現したのかということが最初に書いてある。要するにいろんな経緯があったけれども、最終的に安倍晴明が『簠簋』を持つことによって陰陽師としてはナンバーワンの存在になり、いろんなことを成し遂げた。だから安倍晴明の子孫が陰陽師としては一番なんですよ、ということを言っていくわけです。

そして陰陽道を権威づけるためにさまざまに説話が切り貼りされているというふうに先程も言いました。その中に「狐女房」が入って行くわけです。つまり、ここで考えてみなければいけないのは、陰陽道そのものから見ると、中世の末ぐらいには、狐の力を借りないと陰陽道というものをきちんと宣伝できない、あるいは陰陽道の素晴らしさ、すごさ、深さというものを説明できない状態であったということなのですね。狐は、時間や空間の吉凶を占って未来を予見する陰陽道の力と結びついていたということです。狐と陰陽道という問題が、実はこの「狐女房」譚、そして、『簠簋』及び『簠簋抄』をめぐる問題として存在していたのです。

先にも見たこの『簠簋抄』の序の話の「Ⅲ　龍宮からの伝来（安倍童子「聴耳」の力を得る）」と、「Ⅳ　童子の母は狐（「信太妻」）」というところには、唐突に「信太妻」の話が入っていました。これはおかしいけれども必要だったのでしょうと言いましたが、その前の部分では、安倍童子という少年が蛇を助けてあげて、実は私は弟女《ヲトヒメ》（乙姫）です、という話で、「浦島太郎」と同じように龍宮に行って『簠簋』を貰って来る。この時の箱は開けてもいいですね。「浦島太郎」の場合は開けるといけないのですけれども。開けることによって『簠簋』を手に入れるという話になってくるわけです。そこを丁寧に読んで行くと、これはある神様と関わり合いを持たせているのです。

其ノ後、彼ノ童子モ化来ノ人ナル故ニ、年シ積リ、鹿島之明神ニ百日参籠申シ、其ノ内、万事、死相ヲ不可見由、誓願ス。

とあって、鹿島明神に毎日お参りする。そういった行為をしている途中で蛇を助けてあげるのですが、そこに鹿島明神とのつながりを言っているのですね。丁寧に追って行くと、ちらちらと鹿島明神というのが出て来ております。つまり、この龍宮に行ったという話、「浦島太郎」の変形のような話の舞台は常陸の国の鹿島の地、今の茨城県の話だということになっている。これはこの話を切り貼りする以前の段階では、この鹿島という地名、あるいは神様の名前がきわめて重要であって、それが残っていると考えられます。

つまり、『簠簋抄』の序の粗筋の、ⅠとⅡは、インドから中国、中国から日本へと、三国伝来になっており、仏教に関わる説話の多くはこのようなパターンです。仏教的な説話なら大抵このパターンを取るので、このことはそれほど珍しいことではないと私は思います。それよりも、Ⅲの龍宮から『簠簋』を貰って来るというところが実は重要だろうと思うのですが、そこでは鹿島明神のおかげである、鹿島明神のおかげで龍宮に行き、鹿島に戻ってきた。そういう不思議な世界との出入口というか、アクセスポイントが鹿島だということを言っているのです。では、鹿島の地にどういった伝承があるのかということを、次に考えたくなるわけです。

鎌足の説話と鹿島信仰—不思議な狐の力（二）

このように「狐女房」がどのように陰陽道と結び付いて行ったかについては不分明な点が多いけれども、常陸の国、それも鹿島信仰が大きな役割を果たしていたと推定できます。それをはっきりと言うのは、幸若舞という、これも中世に大変はやった楽曲がありますが、その中のひとつ「入鹿」という話です。ここには、藤原鎌足の出生とその活躍の背後には不思議な狐の加護があったということが述べられているのです。時代は『簠簋抄』などとほぼ同じ時期に、全く別の話である幸若舞の「入鹿」の中に、安倍晴明や安倍童子は出て来ませんけれども、狐が出てきます。それをちょっと見てみたいと思います。

藤原鎌足のお父さんは面白い名前で、御食子《みけこ》といいます。帝の覚えが大変めでたかったけれども、陥れられて常陸の国へ流されてしまいます。そこで、鹿島明神の神官となって生活をしていた。鹿島の宮司四郎禰宜《ねぎ》という名前をもらっていたといいます。その御食子に子どもが生まれるというところを見ましょう。

既《すで》にその年《とし》もうち過《す》ぎ、夏暮《なつく》れゆけば、水無《みな》月も中の五日の暑《あつ》き日に、田の草取《くさと》りに出《い》で給ふ。いたはしや、若君《わかぎみ》をこの田の畦《あぜ》に具《ぐ》し出《いで》て、青《あを》葉の柴《しば》を折《をり》かざし、「泣《な》かで寝《い》ねよ」と乳《ち》を含《ふく》め、夫婦《ふうふ》ともに百草《もゝくさ》を取《と》る手に付《つけ》て、苗《なへ》の葉《は》の栄《さか》へむ事を喜《よろこ》びて、終日《ひめもす》取て暮《く》らさるゝ。かゝりける所《ところ》に、いづくからとも知《し》らざるに、一つの狐《きつね》来り、鎌《かま》を口《くち》にくはへ、幼児《ようじ》の枕上《まくらがみ》に置《を》き、かき消《け》すやうに失《う》せければ、父母《ちゝはゝ》急《いそ》ぎ立《た》ち寄《よ》り、鎌《かま》を取《と》りて見給《たま》ふに、氷《こほり》手のうちに輝《かゝや》くやうな鎌《かま》であり。もしも宝《たから》になるやとて、此《この》子に添《そ》へてぞ育《そだ》てらる。

元々は宮中に仕えていた人ですけれども、東《あずま》の国に来て野良仕事をしております。毎日、田んぼの草を取って暮らしていた。不思議なことに狐が鎌を咥えて来て置いて行った。別に危害を加えるわけでもなくて、その赤ちゃんの枕元に鎌を置いて行ったので、両親はその鎌を宝になるだろうといって、この子どものお守りにして育てていったというのです。鎌を狐から授けられたから、この子どもが鎌足という名前になるのですね。鎌に守られ、鎌の申し子として生まれて来た子どもが藤原鎌足であります。その鎌足がどうなるかというと、その次の文章を読んでみると、

撫育練磨《ぶいくれんま》の時を得、はや十六になり給ふ。橘《たちばな》の京《きやう》の御時に、農夫田者《のうふでんしや》の業《わざ》なれば、庭《には》の夫《ぶ》に指《さ》され、泣《な》く〳〵京へ上《のぼ》りしに、百敷《もゝしき》や大内の庭の小草を清《きよ》めしに、行事《ぎやうじ》の弁《べん》は御覧じて、「多《おほ》くの仕丁夫《じちやうぶ》の中《なか》に、いとけなき童《わつぱ》あり。形《かたち》は窶《やつ》れはてたれど、直《たゞ》人ならず覚《おぼ》えたり。金骨《こんこつ》の相《さう》有。金骨《こんこつ》の相《さう》とは、大臣の相《さう》の事成《なり》。田舎《ゐなか》へ今は下《くだ》すまじ。宮中にとゞまりて、御門《みかど》を守護《しゆご》し申せ」とて、文章生《もんぜうしやう》に任《にん》ぜられ、右京の太夫《だいぶ》に経《へ》あがりて、宮中の交《まじ》

はり、はや雲客《うんかく》に成給ふ。果報《くわほう》のほどのゆゝしさよ。

この顔付きは大臣になる顔付きだというふうに、顔だけで都に残されて出世して行ったという。そういったことで最終的にどうするかというと、皆さんご存じだと思いますが、この鎌足は、中大兄皇子と組んで、大化の改新を成し遂げるわけですね。その時に倒される相手が蘇我入鹿であります。何を使って倒したかというと鎌なのですね。藤原鎌足は鎌によって守られ、鎌によって大事業を成し遂げたわけです。

中世において、そういった説話や芸能があり、そういったものがある意味、この時代のコモンセンス、常識である。藤原氏というのはそういった鎌を守り、鎌によって栄えてきた。藤原氏の隆盛の大もとになるのが鎌の信仰で、その鎌というのは狐がもたらしたということが意識されているわけです。そういう信仰、そういった狐の不思議な力というものが常陸の国の鹿島にある。鹿島の地の狐とはそういう狐なんだということが、中世の説話的世界の中にはずっと伝えられていた。だから、陰陽道でもそういう常陸の国の鹿島神社の鹿島の神というものが強調されているし、その鹿島の神様に仕えているだけではなく、その子どもは狐の子ども、鹿島の狐の子だよ、そこらの狐じゃないよということが言いたいのではないでしょうか。話を継ぎはぎする時にはある動機やパターンや企みがあるだろう。その企みを当時の他の文献から狐に注意して探って行くと、どう

「入鹿」（『舞の本』新日本古典文学大系、岩波書店より転載）

やらそういったことが言えるのではないでしょうか。

荼枳尼天《だきに》の修法―不思議な狐の力（三）

さて、話はさらに不思議な方向に行きます、実はこうした狐の姿というのが中世の王権、この国を支配するといった問題とも繋がっているということが歴史学の研究で明らかになっています。上川通夫さんの「中世の即位儀礼と仏教」（『日本史研究』三〇〇号、一九八七年）という論文があって、そこに狐にまつわることが書いてあります。中世の後期になると、天皇は即位するにあたって、即位灌頂という密教の儀礼をすることになっていました。なぜそうなったかというのが上川さんの御研究の中心ですが、簡単に言うと、天皇の権威がどんどん落ちて行くからいろんなかたちで補強したい。経済的な補強などいろいろな方法があるけれども、仏教の力も借りようとする。天皇がこの国を支配するだけの力を持っているということを密教の側からも確認するために即位灌頂という儀礼をしたのです。即位に際して仏教に由来した呪文を唱える。呪文を唱えるだけでなくて、密教に由来した印を結ぶ。言葉を、声を出さずに心の中で唱えつつ、手で印を結ぶのです。そうすることによって皇太子は天皇になる、この国を支配する力を持つというふうになっていく。そういうルールが生まれて来るのが中世の後期だということを上川さんは言っています。即位灌頂というものが中世の後期になると行われるようになって、仏教の力で天皇の権威を強調するようになって行く。

その即位灌頂、仏教の儀礼の中でどういうことが囁かれているか。何で新しい天皇はああいったことをするのか、ということに関して、いろいろと天台宗や真言宗のお坊さんたちが書き残してくれています。例えば『渓嵐拾葉集《けいらんしゅうようしゅう》』という、天台宗系の密教に関していろいろと書き記している本があって、その中に荼枳尼天《だきにてん》のことが載っています。荼枳尼天というのは狐のことです。インドに発した仏教の中では、荼枳尼天という言い方で狐を取り込んでいるのですが、その狐に関する特殊な修法があって、この『渓嵐拾葉集《けいらんしゅうようしゅう》』の巻第三十九に書いてある。その後ろの方に、狐に関する伝承が記してあります。

一。付二此天一即位灌頂習事　尋云。付二此天一習二即位灌頂一方如何　示云。未曾有経云。帝釈礼二野干一為レ師文　又涅槃経云。天帝敬レ畜為レ師文　又云。敬レ狐者為二国王ト一云云　依二此等ノ文一歟

私云。天子即位灌頂ノ時。以二荼天ノ法ヲ一奉レ授二国王一事。鎌足大臣ノ因縁ヨリ起レリ云云　又云。伊勢太神宮ニ有二此表示一也。高倉ノ岩屋有二此事一。仁王経ノ以祭神事深可レ思レ之

天皇が即位する時に密教の力で力づける、パワーを加える。その時には荼枳尼天の力を借りる。それはどういうことなのか。未曾有経に、帝釈天が野干（狐）に礼を尽くして先生になってもらったという記事がある。また涅槃経には、けだものを尊敬してそれを先生と考える。狐を敬うものは王になる。そのようなことが仏典には書いてある。こういったことに基づくというのですね。そして、荼枳尼天の法、狐の力を国王に授ける。「鎌足大臣の因縁より起れり」とあるのは、先程「入鹿」で見た藤原鎌足が、狐によって授けられた鎌で守られ、鎌によって古代における政治の大きな転換点であった大化の改新を成し遂げた。その藤原家の由来、藤原家がどんなに天皇と結びついて来たのか、天皇を助けて来たのかという、その根源にある話がここで想起されると書かれているのです。

そして上川さんの御研究によると、即位灌頂の儀礼をする時には、藤原家の当主も一緒に印のやり方を伝えるというか真似するというか、そういったことをするんだそうです。ですから、『渓嵐拾葉集』に「鎌足大臣の因縁より起れり」とあるのは、即位灌頂の儀礼の時に、天皇になる人だけではなくて、それを補佐する藤原摂関家の人間もいっ

しょに密教の儀礼を取り行うということなのです。話だけではなく、実際の即位儀礼のレベルでもここで藤原家が関わるのだ。それは、荼枳尼天の狐の力を借りる儀礼だということになるわけです。

私が勉強しているうちに意外な方向に行ったと思うのは、このように、狐を追いかけていくと、狐と人とが関わることで、龍宮に行ったり不思議な宝物を手に入れたりするだけではなくて、この国土を支配するような力が狐に託されているという認識まで行く。あるいは、狐のかたちになってそういった力が表現されているということなのです。だからこそ、陰陽道では執拗に、安倍晴明は常陸の国の狐の関係者なのだ、というのではないでしょうか。安倍晴明に代表される陰陽道の力というものも、狐を媒介にすることで、中世的な王権と結びついている。そのことが『簠簋』をめぐる説話のなかにも暗示されているのだととらえることができるでしょう。

ただし、それにはもちろん、他の宗教も関わってくるのですね。こういった天台宗の密教儀礼以外にも上川さんの御研究によると、真言宗の密教儀礼では、さらにもう一枚加わって空海が途中で入って、空海が即位灌頂のやり方を教え、その教える内容はやはり荼枳尼天の秘法だというのです。

このように日本の宗教文化史の中には、狐に対する信仰がいろいろと見え隠れしています。それを一番民衆に近いところで表現しているのが、ここで考えてきた「狐女房」の昔話だろうと思います。もうすこし大まかに言うと、狐というのは人間を異界と結びつけて人間に不思議な力を与えてくれます。それは狐と人とが結婚する「狐女房」みたいなことがあり得るんだ、あったんだ、あったかも知れないというふうに、われわれの想像力を働かせることが異界との結びつきであり、狐の力を信じることとつながっていたのでしょう。

異類婚姻譚としてまとめてみると、こうした話は、動物に対する考え方の積み重ねであって、あるいは異界との関係の持ち方の歴史を示すものだというふうに思われます。「狐女房」の場合で言えば、野生の動物としての狐の習性だけではなく、ここで見てきた陰陽道や神祇信仰―鹿島神宮の信仰や、仏教（密教）というような宗教との関わり、そういったファクターを通じて表現されたものが、伝承され、さまざまなかたちに結晶してきたものであるということになります。

少しこみ入った話になってしまいました。これで終わりにいたします。長時間にわたって御清聴いただきありがとうございました。

〔付記〕

ここでは『利根川図志』は岩波文庫（一九三八年）、『信太妻』は荒木繁・山本吉左右編注『説経節』（平凡社東洋文庫、一九七三年）、『簠簋抄』は寛永六年菊屋勝太夫板、「入鹿」は『舞の本』（新日本古典文学大系59・岩波書店、一九九四年）、『渓嵐拾葉集』は『大正新脩大蔵経（第七六巻）』（同刊行会、一九三一年）をそれぞれ参照、引用した。

〔参考文献〕本文中に示したものを除く。

阿部泰郎「『入鹿』の成立」（『藝能史研究』六九号、一九八〇年）

小池淳一「陰陽道と和歌」（花部英雄ほか編『和歌をひらく』第四巻　和歌とウタの出会い、岩波書店、二〇〇〇年）

小池淳一「昔話と陰陽道―鬼の呪宝の系譜―」（『陰陽道の歴史民俗学的研究』角川学芸出版、二〇一一年）

誕生と成長

誕生譚と運命譚

川森博司

はじめに

動物昔話・本格昔話・笑話というのが一般に研究者の間での三分類になっています。そのうち本格昔話は、『日本昔話大成』や昔話の事典などで「婚姻譚」「誕生譚」「運命譚」というふうに分けられていて、婚姻譚には異類婚姻譚と人間同士の婚姻譚があります。今日の誕生譚というテーマは、普通に生まれただけではお話にならないので、普通じゃない生まれ方をした、あるいは普通じゃない姿で生まれた、つまり、異常誕生ということが「誕生譚」の枠組みになります。それが動物の形であった場合、後に結婚すると異類婚姻譚になるわけで、そういう意味では「誕生譚」と「婚姻譚」は繋がっている。繋がっているのですが、それがどこで分かれるかというようなところを含めて、私が今回新たに考えたことを含めてお話したいと思います。

先程ご紹介いただいた『日本昔話の構造と語り手』の中で、私は異類婚姻譚の分析を行いました。そちらから繋げていきますと、「蛇聟」とか「猿聟」とか、そういう動物の男と人間の女が結婚するものと、逆に「鶴女房」とか

「蛇女房」とか、人間の男と動物の女性が結婚するものがあります。そして、これは両方とも婚姻が破綻するパターンになります。ただ破綻の仕方がちょっと違います。特に「猿聟」という、猿の聟と人間の女が結婚する話の場合、動物の聟が一番露骨に殺される。騙し討ちで殺されるというパターンになっております。蛇の場合も針に刺されたりして、一般に異類聟は殺害される結末を迎えます。一方、異類女房の場合、殺されはせず、別れに至るというパターンになるわけです。

昔話は語り方は様々ですが、話の展開はかなりパターン化されています。ですから、パロディーを作ってみたら面白いかもしれません。たとえば、異類女房が殺されるというパターンです。実際には「鶴女房」は去っていくだけです。覗いてはいけない「見るなの禁」というのがあって、それを破ったのでもういっしょにいられませんということで別れてしまう。離別型ですね。殺されるわけではありません。なぜそういう展開になるのかということを、柳田國男が『昔話覚書』という本に書いている「幸運の法則」ということを軸に考えてみたいと思います。

一　昔話と「幸運の法則」

異類婚姻と異常誕生

異類婚姻譚は、結局殺されるか別れるかの結末に至りますので、「幸運の法則」というよりも「不幸の法則」というか、「見なければよかったのに」という形での、裏返しの幸運の法則を示しているようです。「鶴女房」や「狐女房」「蛇女房」はみんな別れの哀愁を留めているわけですが、欧米の昔話と比較して見ていくと、「鶴女房」のような話、あるいは「蛇女房」のように、お母さんの蛇が別れた後に自分の目玉をくり抜いて子どもを育てるという、日本人の心の琴線に触れる別れの話はあまりないようです。お隣の韓国の昔話にも、ああいう別れの余韻を響かせる終わり方のものはあまりありません（韓国の昔話の全貌を知ることはなかなか難しいのですが、この頃は相当資料が出ていますし、日本語に翻訳されたものも一定量あります）。小澤俊夫や河合隼雄も、そのような別れの余韻を響かせる形で終わるのは日本昔話の特徴ではないかということを述べています。

一例をあげると、韓国では「田螺《たにし》女房」という話があって、日本の鶴女房と同じパターンを辿るのですけれども、夫がどうも怪しいと思って、出ていったふりをして家の中を覗いていると、女房が田螺の姿になって料理を作り始めたのを見てしまう。でも、別れには至りません。夫が飛び出していって田螺を抱きしめると、田螺は美しい女性になって、その後二人はめでたく暮らしましたというような別のドラマツルギーになっています。「田螺女房」の話は日本にはないようですが、誕生譚の最初に「田螺息子」という話が出ています。「田螺聟」としてもいいと思うのですが、異類婚姻譚ではなくて、誕生譚のほうに関敬吾は分類しているので「田螺聟」ではなくて「田螺息子」という話型の名称になっています。これは韓国の「田螺女房」のパターンに近いもので、韓国の「田螺女房」の裏返しというか、田螺は婿なのですが、最後は人間に変身してめでたく結婚します。「一寸法師」の展開とも似ています。「一寸法師」は小型の人間ですが「田螺息子」はそれが田螺になっているだけで、話のパターンは同じです。

つまり、「田螺息子」がなぜ異類婚姻譚に入っていないかというと、パターンが違うからです。柳田國男においては、昔話を手掛かりに日本人の古い信仰、かつての日本人がどういうことを拠り所に生きてきたかということを明らかにしようとする関心が研究の中心でした。形（パターン）による分類は柳田の段階でもかなりなされていますが、次の世代の関敬吾は形による分類を押し進め、同じ動物の聟でも、殺されたり排除されたりしない田螺の聟については異類婚姻に入れないで誕生のほうに入れて、むしろ「一寸法師」や「桃太郎」の仲間と考えたのです。このタイプの昔話は柳田國男の説く「幸運の法則」を語っているという意味からいうと、本格昔話の中心になってくるかと思います。

異常誕生の意味

柳田は『昔話覚書』において次のように述べています。

形は人間でも力は神であった人を理解するためには、ほとんど必然的にその異常生誕と突如たる成長を考えなければならなかった。それが大陸の諸国に弘く行われた金色の卵から、先祖が生れたという物語の根本の動機であり、降《くだ》っては瓠《ひさご》に乗りまたはうつぼ舟に閉じ籠められて、海のかなたから漂着したという言い伝えとなったことは、たいていは疑いがないのであるが、わが国自身においてもかぐや姫は竹の節の中に、光り耀《かがや》いていて竹取の翁に見出され、伊勢の斎宮《さいぐう》の第一世は、玉虫のごとき形をして貴き小箱の中に姿を現じたまうとさえ伝えられる。

ここで柳田は「異常生誕」という言葉を使っています。それから、極端に小さいものが急に大きくなる「小さ子(ちいさご)」ということも後に言い出しています。国際的に様々な国や地域の昔話で、主人公は特別な生まれ方をするのですが、日本においてはそれが「小さ子」の形をとることが多いと柳田は考えました。また、ここに述べられている「大陸諸国に弘く行われた金色の卵から生まれた」というのは新羅の建国神話がそれに当たります。朝鮮半島の神話には卵生神話、卵から生まれるというモチーフを持ったものが多いのですが、日本には卵から生まれる話はほとんどないようです。柳田は朝鮮半島の神話をまず頭に置いていたのかなと思います。このように、いろんな生まれ方をするけれど、その表面にとらわれないで、特別な生まれ方として「異常誕生」と「不思議な成長」(「不思議な成長」という項目を柳田の分類では作っています)をここでは一括りにして考えてみたいと思います。

「異常誕生」の形が本当に何でもいいかというと、そうではありません。なぜ卵から生まれる形が日本にはないかというと、日本人にとってリアリティに乏しいからだと思います。昔話はフィクションとはいえ、ある程度のリアリティが必要です。ありそうな夢、つまり、夢ではあるけれどもある程度のリアリティがないとやはりお話として成り立ちません。先の引用に続いて柳田は次のように述べています。

どんな頓狂なるローマンスの中にも、時代時代の読者の意識においては、ありそうな事という条件があった。肉でも野菜でも塩を附けぬと食べなかったように、単なる幸福の夢は、幸福としては認められなかった。わけも理由もない致富、成功、勝利の類は、実際お互いのごとき利己主義の自由人にも、あまり頼りがなくて空想することができない。いわんやその中から共同の真理を見出し、後日の計画に参考しようとして、人の話を大切にしていた者が、その説明を求めずには済まされなかったはずである。

お金持ちになったり、富を手に入れたり、この誕生譚や運命譚というジャンルは基本的に致富ということに関わっています。特に現代人から見ると突飛に思われるけれど、昔話として語り継がれてきたものは、「半信半疑」という言葉を柳田が使っていたように、全くありえないというほどの距離ではない空想であったのではないかと思います。現代人の視点から考えると、異類婚姻譚における「猿聟」や「狐女房」がどれくらいのリアリティで空想されていたのか、聞かれていたのかということが気になります。そのあたりはまた後で見ていきたいと思います。
いずれにしても柳田の昔話論としては本格昔話というものがあって、これはある程度長いものです。その一部分が、だんだん生活の近代化によって話す時間が短くなってきて、独立してくる。そして、その一個一個で笑いを取ろうということで笑話化していく。実は、柳田が昔話研究を始めた昭和の初め頃にはもう大体笑話中心になってきているということを指摘しております。でも、それをもとにして元の話が復元できるだろう、だから、語れる人がある程度残っているうちに、急いで昔話を集めようということが柳田の狙いになっていたわけです。では、これらの昔話が何を伝えようとしたのかというと、「幸運の法則」だと柳田は考えました。「幸福の法則」といったほうがよいかもしれません。つまり、人は幸運によって幸福になるのですが、単にでたらめに幸運が来るのではない。柳田國男は次のように述べています。

すなわち人はいたずらに幸不幸ならず、これを求むるにはおのずから方法のあることを、こうして発明して来たのが昔話の手柄であった。

こういう形で、子孫を安泰ならしめんとすれば、後の世代のためにこの幸運の法則を語り伝えるのが昔話の中心的な役割だということを言っております。そして、幸運によって幸福になることの中身といいますと、究極的には「結婚」と「富の獲得」ということになります。

二　誕生譚の構造

構造主義的な見方

誕生譚に入っている昔話は、異類婚姻を含めた婚姻譚と分けるとすると、結婚のモチーフがないか、あるいは結婚そのものがゴールではなくて、その後の富の獲得のほうに力点が置かれているものということになります。「田螺息子」や「一寸法師」は最後に結婚しますが、富の獲得も加わっています。ここで「桃太郎」がひとつのポイントになります。柳田國男は「桃太郎」も元々は結婚する本格昔話としての「桃太郎」だったのではないか、伝承の過程で結婚の部分が落ちて闘いの部分が強調されることになったのではないかと考えています。

『本当は恐ろしいグリム童話』（桐生操）という本がありますが、あの場合もグリム童話の怪談化ということがあると思います。「本当は」というのは、現在残っているものは、グリム兄弟によって残酷な内容が薄められたり、内容の書き換えがあったりしているということを指しているのですが、逆に「怪談化」ということも考えられると思います。つまり、怖い話の部分が強調されたり独立したりしていくというケースです。「桃太郎」の場合は闘いの部分がクローズアップされて、結婚の部分が脱落していった。元々はだから「一寸法師」のような話ではないか。また、主人公を女性に変えると「瓜子姫」の話になり、これらの昔話がすべて相互連関しているのではないかということが、柳田國男の『桃太郎の誕生』（一九三〇）という本格的な昔話研究の書物で述べられています。現在でも日本の昔話の全体像をこれだけまとまって捉えようとした書物は出ていないのではないかと思われます。

私は、昔話の構造について、表面に捉われないで大きなパターンで考えてみると、あまり繋がりがないように見える話にも繋がりが見えてくるのではないかという視点で研究をしています。そういう面では『桃太郎の誕生』で柳田國男が試みていることに近い方法です。「田螺息子」は田螺だし、「一寸法師」は人間だから別の話だと考えてしまわずに、両者とも特別な生まれ方をしている。そして、一寸法師は急に大きくなる。田螺の場合は田螺の殻が割れて人間になるわけですけれども、構造としては同じで、一つのパターンと見なせるのではないかというような捉え方をしています。

このような捉え方は「構造主義的思考」と呼ばれるもので、結構役に立つ考え方ではないかと思います。というのは、今のように大きいパターンを捉えるということもあるのですが、「実際にあるもの」だけではなく、「ありえるかもしれない」ものを考える視点も持てるからです。構造というものは目には見えず、それがいろんな形で実現している。一方、何らかのはずみで実現し損ねているものもあるというふうに考えます。柳田國男も『桃太郎の誕生』では構造主義的思考をうまく使っていて、たとえば「瓜子姫」と「桃太郎」を並べて考える時、男と女を入れ替えた形があるかどうか。理論としてはありえるけれども実際にはないとしたら、そこに何か日本文化の特徴がつかめるのではないかというような発想が見られます。そういうふうに柳田國男の学説を読み直していくこともできるわけです。

男女逆転型を考える

たとえば「鶴女房」の話というのはいっぱいあるわけですが、「鶴聟」というのは動物のイメージからして想像しにくかったのかもしれません。男の鶴が機屋に籠って、毛ずねから毛を抜いて反物を織っていくというようなエグい場面はあまり見たくないですよね。ということで、存在しないのかもしれません。

桃から生まれた桃太郎、瓜から生まれた瓜子姫。これは両方ある。じゃあ、瓜から生まれた瓜太郎というのがありえるかもしれないけれども、実際にはない。桃と瓜というのは、中に大きい種があるとか真ん中が空洞になっている。そういう種類の植物から生まれるということでは「瓜子姫」と「桃太郎」を一つの同じ構造と見て男女逆転型と考える。でも、男女が逆転すると展開が変わってくる。異類聟の場合がそうですね。異類聟で男女両方があるのは蛇です。「蛇聟」と「蛇女房」。「蛇聟」の場合は、『古事記』『日本書紀』にもある苧環《おだまき》型という三輪山型の話で、針を蛇に刺しておいたら遠くで死んでいたというような話になるものと、もっと直接的に、嫁入りする時に池に瓢箪を浮かべて、あれを沈めろとか言われて健気に奮闘していると、そこで殺されるというような話があります。「蛇女房」になると別れることにはなるのですが、殺されるわけではなくて蛇の世界に戻っていく。けれども、我が子を自分の目玉をくり抜いて育てるというような話になります。このようなことで、男と女を入れ替えてみると話の展開が変わってくる、あるいは、男の話はあるけれど女の話はない、逆に女の話はあるけれど男の話はないというようなことがあり、そこに日本の文化の特徴が出てくるというようなことが考えられる。そのような意味で、実際にありえるかありえないかは別にしてパターンを考えてみるということが重要になります。

「浦島太郎」の場合は、男女を入れ替えて「浦島花子」というものがあるでしょうか。実際にはなさそうです。ただ、ひょっとして現代社会だったら、女性が竜宮城に招待されて、ジャニーズ系とか見目麗しい若い男性の踊りでもてなされて、『冬のソナタ』のヨン様とか『チャングムの誓い』のミン・ジョンホさんみたいな人が横に侍ってくれるというような形も考えられるのではないか、と思ったりもするのですが、かつての昔話を伝承した社会においては「浦島花子」のパターンは存在しないわけです。それからもう一つ、浦島太郎は帰ってきますね。帰ってきて、玉手箱を開けてお爺さんになってしまいますが、「帰ってこない浦島太郎」というのはないのでしょうか。夢のような竜宮城で浦島太郎は末永く幸せに暮らしましたという形ですが、実際にはこのような話は日本本土にはないわけです。そうすると、なぜないのかを考えてみる。実は、それに近い形が沖縄方面にはあったりするのです。だから、世界的に見てないわけではない。そういうことが見えてくるのも、構造主義的な考え方から出てくる視野の広がりといえます。

舌切雀と腰折雀

逆に、わりと近い話と考えていたものが実はそれほど似ていないということもあります。たとえば、柳田國男が直接論じていますが、「舌切雀」と「腰折雀」の場合、表面は似ているわけです。お爺さんとお婆さんがいて、雀を飼っている。ただ、舌切り雀の場合は助けたんじゃないんですね。腰折れ雀の場合は助ける。助けて報恩譚的な展開をとるのですが、舌切雀についてはそういう報恩のモチーフはなくて、むしろ雀だけど拾ってくるということで、「桃太郎」や「瓜子姫」の仲間ではないかという話をしているのです。柳田は次のように述べています。

主人公が雀であるという一点以外、本来はそうたくさんの一致はないのであった。善人の婆の家が富貴となり、隣の欲深婆は難儀をするというだけならば、ほとんと半分以上の昔話に附いてまわっている。(『桃太郎の誕生』)

このようなパターンは「隣の爺型」と呼ばれています。ただ「花咲爺」では隣の爺なのですが、「舌切雀」の場合、多くはお婆ちゃんが欲深で失敗するという夫婦対立型です。そのほかにも隣人対立型、兄弟対立型、心変わり型があり、「隣の爺型」は四つの類型に分けられると私は考えています。日本では類型でいくと一般的には隣人対立型が多い。ただ、話型によって違いがあり、「舌切雀」の場合は夫婦対立型が多い。兄弟対立型というのは、中国の「花咲爺」がそうであり、「腰折雀」の朝鮮半島バージョンも兄弟対立型です。日本では兄弟対立型が中国、韓国に比べると少ないという特徴があります。

「腰折雀」のほうは純然たる動物報恩譚であるのに対し、「舌切雀」は単に拾ってきて育てたということが幸運の機縁になっているので、その点で「桃太郎」や「瓜子姫」の方に近い話なのだと柳田は言っています。

特に、柳田國男は「幸運の法則」の背景にあるのは日本人の固有信仰だという考え方、逆に言えば昔話から日本人の固有信仰が見えるという考え方をしていたので、報恩の部分はあまり強調していません。この部分は中国や朝鮮半島からの輸入であり、仏教思想が反映している。柳田の狙いとしては仏教以前の日本人の固有の信仰を探ろうとしていたので、「腰折雀」は完全に朝鮮半島からの輸入だと考え、「舌切雀」のほうが大分変わり果てているけれど、「田螺息子」「一寸法師」などと一連の日本古来の昔話として捉えられるのではないかと考えた。ただ、朝鮮半島からの輸入だといっても、あちらでは兄弟の対立になっているのが日本では隣の対立になっているというようなことがあるわけですが、柳田はその点にはあまり関心を寄せていません。

「舌切雀」は普通、誕生譚ではなく隣の爺型（「隣人」）に入れられていて、女性が悪役にされていますが、昔話には最後に教訓が付くということがあります。元々付いていたのか新しく付いたのか、このあたりも議論がありますが、これはちょっと難しいんですね。資料集を見ても、そういう教訓が記録されているものもありますし、そこは話が終わった後の雑談だということで切り捨てられている場合もある。何パーセントに教訓が付いているかということを小澤俊夫が研究していますが、元の話にはあっても録音をその前で止めているかも知れないので、この研究はちょっと難しいと思います。「舌切雀」の語りをした後、お爺ちゃんの語り手だと「やっぱり、女というものは欲張りなもんやなあ」とか言ったりすることがあったのでしょう。そういう意味で男目線からの教訓なのかもしれません。

ジェンダーの問題になりますが、男の目線から語られているか、女の目線から語られているかというようなことは柳田國男はやっていません。未開拓の領域です。たとえば、男の語り手と女の語り手でそういう違いがあるかどうかということを研究できるかもしれません。ただ、女の語り手であっても全体的な社会的ムードの中で何となく男目線の語りになり、昔話全体として男目線の語りが優勢だったという側面があるかもしれません。

今は囲炉裏端の語りの時代ではありませんので、現代人に受け入れられる昔話のあり方という面での変化が考えられると思います。「猿聟」の昔話で「猿聟」が農作業を手伝ってくれて、その交換にお嫁さんをもらうのに、それが騙し討ちで殺されて「猿がかわいそうだ」ということが現代人の反応としてよく出てきます。柳田の時代は農業中心、第一次産業中心の世界ですから、おそらく農業社会では悪い動物はやはり排除していかなければ生きていけないという、農民層の声なき声の支持があったのが、農村も変容して農業人口も大幅に減りました。「猿聟」については、大学の授業で紹介しても「猿がかわいそう」という感想が圧倒的になってきています。そのような産業構造の変化ということが一つと、やはりジェンダーですね。男と女の意識の変化ということが時代の変化としてあるだろうと思います。

三　誕生譚と異類婚姻譚

日本昔話のアニミズム的基盤

日本の昔話の特徴として、異類婚姻譚に位置づけられる「猿聟」の存在は異類としてはちょっと曖昧です。というのは、猿が猿の姿のままで人間の言葉をしゃべっている。その辺はかなり曖昧というか自然に展開している。ヨーロッパの場合は、魔法をかけられて動物になっていたとか、魔法が解けて人間に戻ったとか、はっきりしていて、劇的な変身が語られるわけです。日本の異類婚の場合は、異類女房の場合には変身が語られます。鶴の姿になって機を織っていたとか、魚の姿になって鍋の中に入り出汁《だし》を作っていたとかいう話になっています。動物と人間の関係がおそらく日本では欧米よりは陸続き的に考えられていたのではないかということを、柳田は「舌切雀」を例に次のように述べています。

何にもせよ雀が人のような知恵と感情を持ち、人と同じ事業を完成したという昔話は、人も雀も魂は一つだということを思っていた者ならば信じ得たのである。それを信ぜずとも面白ければ話だということになって、後にかえっていろいろの誇張が行われるようになった。（『桃太郎の誕生』）

これはカタカナ言葉を使えばアニミズムと呼ばれるもので、人間も動物も同じく魂を持っていて、それがたまたま雀になったり猿になったり人間になったりしているという考え方です。そういう基盤があったのではないか、ということを柳田は指摘しています。これがほとんど失われてきたので、昔話が笑話化あるいは怪談化していく。柳田が昭和の初め頃からもうこういうことを指摘しているということを真剣に考えないといけないと思います。まだ農村人口が国民の七〇パーセント以上を占めていた状況でも、やはり昔話の「零落」が進んでいたということを柳田は言っています。人間と動物が同じような感情を共有していた段階がかつてあったのだろうということですけれども、このあたりについてはアイヌ民族における伝承のあり方が参考になるかもしれません。

アイヌには昔話や叙事詩がありますが、こういうものに現れる世界観とか熊送りなどの儀礼に現れる信仰などを見ると、日本本土よりも、人間と動物が元は同じようなところから現われてくることがはっきりと示されています。熊送り（イヨマンテ）がありますけれども、熊は熊の皮を被ってたまたまこの世に現れてきている。逆に言えば人間も、たまたま人間の皮を被って何十年間かこの世に現れているという考え方があると言われています。熊送りというのは熊を殺すわけですけれども、アイヌの人々の位置づけとしては、熊は皮を残して本体は元の世界へ戻っていく。だから「熊送り」なのです。熊はこの世に現れる時だけ熊の姿をしているけれど、元々は人間と同じような姿をしていると考えているところがあるようです。このようなアニミズム的な考え方を参考にすると、人間もこの世に現れた時の姿として人間の皮を被って存在しているというような考えが以前には日本本土にもあって、これだけ多くの動物との結婚を主題とする昔話があるのではないかとも考えられます。

昔話のアニミズム的基盤ということで言うと、普通ではない生まれ方をしたということを述べるために「一寸法師」であったり「桃太郎」であったりする。その一つのバリエーションとして動物の姿で生まれるということがあって、柳田國男は次のようなことを言っています。

日本の昔話の若く美しい主人公も、土地によっていろいろの動物の形を借りて出現していた。それを一々に別の話だと見てしまうと、末にはかえって分類によって比較の利益を破壊してしまう。(『桃太郎の誕生』)

このような見方が『桃太郎の誕生』という書物の全体を貫く狙いでもあります。「桃太郎」と「瓜子姫」を別々に研究するよりも、男と女が入れ替わった一つの誕生譚のバリエーションとして捉える。そして、桃から生まれるという形が「一寸法師」のような極端に小さい人間の形で生まれたり、あるいは「田螺息子」のように魚介類の形で生まれたり、というのもそのバリエーションであるというふうに見てみたらどうだろうかということを言っているわけです。ただ大分類として、誕生譚というのは、たとえ最初は動物の形をとっていても、動物から人間に変身するわけです。そして基本的にはハッピーエンドで、美しいお姫様と結婚して、富を獲得するという形です。

それに対して、異類婚姻譚の場合は逆なんですね。最初は人間の姿で現れている。「猿聟」の場合はどうもそうではなさそうですが、一般に人間に変身しています。しかし、その変身の部分が日本の昔話では曖昧なのです。なぜ変身したのか、どのようにして変身したのかが述べられず、何か自然に変身している。これはひょっとしたら、アイヌ民族の世界観のようなものが日本本土にもかつては広がっていて、変身などと大袈裟に言う必要がない世界だったのかなという気もします。魔法にかけられて、というほうが現代の若い世代にはリアリティを持ってくるのかもしれませんが、このように曖昧にしか述べられない変身を「ありえない」とは考えない段階があったものと思われます。

いずれにしても、異類婚姻譚の場合は最後に正体が人間ではないということがわかって、婚姻が破綻する。「蛇女房」のように目玉や、「狐女房」のように聴耳という呪具など、特別なものを残していくという場合がありますが、いずれにしても婚姻は破綻する。日本には異類婚姻譚が多いので、先に述べましたように、幸運の法則というよりも、むしろ不幸の法則、こういうことをすると不幸になるので正体をあまり確かめないほうがいいですよということを語っているようです。現実の問題としても、夫婦間のことであんまりトコトンまで知らないほうがいいのかもしれないですね。そこまで知ってしまうとお互いに興ざめということもあるでしょうし、シニカルに言えば、そこまで突き詰めないのが幸運の法則ということなのかもしれません。

申し子と魔法

誕生譚の「一寸法師」ではどうなっているかというと、子どものない年寄りの夫婦が、古典文学の「御伽草子」の原文にもありますけれども、住吉大社の神様に願を掛けて子どもが授かるという「申し子」のパターンです。人間の形で生まれる場合は申し子になっているパターンが多いのです。柳田は、申し子と桃から生まれるという形の両者を繋がったものと考えて「誕生」という分類に入れています。構造的に考えると、申し子という生まれ方は神に祈って授かったという異常誕生の形です。普通に妊娠する場合もあるし、スネコタンパコのように脛《すね》に妊娠したとか、指に妊娠したとか、ほとんどありえない形がいろいろ出てくるのですが、それについて柳田は次のようなことを言っています。

> 説話の英雄は最初小さく貧しく、また形が見苦しかったほかに、往々にして愚鈍であり怠惰であったと伝えられている。それが常理をもって予測し得なかった奇跡を現ずることは、蛇や田螺の形を仮りて出て来たという話と趣意において同じである。(『桃太郎の誕生』)

つまり、そういう面では「田螺息子」が異類婚姻譚に入らずに誕生譚に入っているのは、申し子譚との連続性において考えられているから、ということになります。

別の見方をすれば、欧米の話は、グリム童話の一番が「蛙の王様」という話で、王様がいてお姫様がいて、毬《まり》がなくなって蛙が取ってくる。取ってきたら結婚してあげるということだったので、いっしょにベッドで寝かせろと蛙が迫ってくるわけですが、気持ちが悪いということでお姫様は拒否する。ところが王様は、お前は約束したのだろう、約束は守らなければならないという話になってくる。このようなパターンは日本の話にはないですね。日本の場合、お父さんはおそらく揉み消しに奔走する。グリム童話のお父さんは、蛙だろうと何だろうとお前が約束したことは守れというふうに言う。それでベッドに入る。お姫様が「汚ない」と蛙を壁に投げつけたら、変身して美しい王子様の姿に変わった。「私は実は魔法をかけられていました」ということになるわけです。日本ではそういう魔法という形はとりませんけれども、「田螺息子」はパターンとしては「蛙の王様」と同じです。

柳田は、異常誕生というのはむしろプラスの印と考えていました。次のように述べています。

要点の一つは貴き童子が信心ある者の希望に応じて与えられることであった。おそらくは最初その信心の試みとして、ほとんど人間の空想し得る限りの、あらゆる信じがたい出現の方式が語られたのであろうが、その中でも「桃太郎」の、水に沿うて流れて来たという例は自然に近かった。（『桃太郎の誕生』）

最後の部分は『桃太郎の誕生』全体として、水神信仰が日本の固有信仰の一つの中心をなしていると柳田が考えていたことを反映しています。神に祈って生まれた、そして特別な姿をしているというのは、次の運命譚のところで触れる「福分」といいますか、こういう幸運の素質を持っているという「福分の可視化」というふうに捉えられるかと思います。そうすると、ヨーロッパの伝承の、最初は魔法をかけられていて、それが解けて変身するというのとは、かなり意味合いが異なってきます。

四　運命譚と女性の力

炭焼長者と女性の福分

本日のテーマで、運命譚というものが誕生譚とセットになっています。これも「幸運の法則」というテーマで同じく見ていけるかと思うのですが、その中心になるのは「炭焼長者」の話です。「産神問答《うぶがみ》」という話も「炭焼長者」に連結している場合がかなりあります。

「炭焼長者」には初婚型と再婚型があり、再婚型のほうが多いです。つまり、最初の男と離婚して炭焼き長者と結婚する。炭焼き長者は、長者になるのですが、元々は貧乏な炭焼きです。そして黄金を発見するのですが、それが実は身近にあったのだという話であります。関敬吾が編集した『日本の昔ばなし』（岩波文庫）には、奄美大島の話が入っています。その話の展開をもとにお話しますと、これは再婚型で、最初に「産神問答」があります。産神という子どもの運命を決める神様がいて、これは南島の話なので「ニラの神様」と呼ばれています。おそらくニライカナイという竜宮の神様がそれぞれの運命というか福分を定めます。二人の父親がいるのですが、それを片一方が立ち聞きして、自分に生まれる男の子には福分が少なくて、知り合いのほうに生まれる女の子には福分があるというので、許嫁《いいなずけ》にして結婚の約束をする。でも、その結婚は離婚、破綻に至ります。

この話の場合、女性のほうに福分があるというパターンが大部分のようです。「炭焼長者」では炭焼きが長者になるのですが、話の主人公は炭焼き長者の妻であるといってよいと思います。つまり、女性の福分や知恵によって黄金が発見されるわけです。元々そこにあったわけですが、炭焼き長者はそれを値打ちのあるものとはわかっていなくて、女性の知恵によって黄金が発見されるわけです。その発見の前に、再婚型の場合は親が決めた許嫁と離婚をするというプロセスを含んでいます。これも日本の話としては珍しいですね。ヨーロッパの場合は試練を経て結婚する。試練があって、基本的には男が竜退治とか恐ろしい怪物を倒して結婚する。そして、「めでたし、めでたし」となるのですが、日本の昔話は場合は、むしろあっさり結婚しちゃって、その後にいろいろと試練が訪れる。日本人にとってはそのほうがリアリティがあるようです。

ヨーロッパの昔話は一般に若者が主人公なのに、なぜ日本の昔話はお爺さんとお婆さんが主人公になるのかという素朴な疑問があります。これには今のところはっきりした答えがありませんが、日本昔話では中高年が主人公になっていることが多く、華々しい若者の竜退治というよりも、結婚後の試練、そして、その上での成功として富の獲得という具合に語られたりするわけです。「炭焼長者」について、河合隼雄は『日本人と昔話の心』という本の中で、「日本の昔話には珍しい幸福な結婚の成就の背後には多くの場合、このような女性の知が存在しているようである」という指摘をしていて、日本昔話における女性の役割にスポットを当てています。河合はユング派の臨床心理学者ですので、ここでいう女性は、必ずしも生物学的な女性というだけではなくて、男性の中にも「内なる女性」と「内なる男性」というものがあって、女性の中にも男性的な部分と女性的な部分があり、そのバランスがとれている必要があるというような考え方をしています。日本人の自我というのは（男性の自我も含めて）女性像で表されるのではないか。そういうことを河合は言っています。

積極的な女性像と幸運の法則

日本の異類婚姻譚の場合、特に異類女房の場合がそうですけれども、基本的に押しかけ女房型で、女性からのプロポーズがなされるという特徴があります。この要因も未解明です。ヨーロッパの話にはこういう例はきわめて少ないようです。「炭焼長者」の場合も、基本的に無理やり炭焼きと結婚する押しかけ女房型です。「鶴女房」の場合もそうですね。このような話をすると、『古事記』のイザナギ・イザナミの国生みの場面で、女性のイザナミのほうから声を掛けてうまくいかず、改めてやり直したという話があって、女性のほうが出しゃばったらやはりまずいのではないかという質問が出るのですが、昔話の場合は、女性がそういう面では積極的です。それから、「桃太郎」の鬼退治は例外といえるかもしれなくて、男が勇ましく怪物を退治して結婚を成功させるというのは日本の昔話にはあまり多くないのです。男性の英雄は日本の昔話では影が薄い。一方「鶴女房」の場合は結局、女性が富をもたらして去っていくわけです。それをズラして、富を発見してこの世で結婚を成就させるというのが「炭焼長者」の形であって、河合は心理学的な側面から次のようなことを言っています。

怪物を退治して女性を獲得する男性の英雄ではなく、耐える生き方を経験した後に、反転して極めて積極的となり、潜在する宝の存在を意識していない男性に、意識の灯をともす役割をもつ女性は、日本人の自我を表すものとして最もふさわしいのではないかと思われる。／ここに登場した「意志する女性」は、わが国特有の過剰な感傷性から、ふっきれた存在として、さわやかな感じを与えるものとなっている。(『昔話と日本人の心』)

この辺は大衆文化論にも繋がる考え方かもしれません。「夕鶴」で山本安英さんが演じた女性の感傷性とは違う、ある種の強さを滲ませている女性像の存在です。ある時期から闘う女性というのでしょうか、宮崎アニメで『風の谷のナウシカ』や『千と千尋の神隠し』など、主人公に闘う少女が登場します。なぜか少年ではなく少女が闘うというモチーフが大衆文化の領域で浮上してくるのですが、ある意味でその萌芽は日本昔話の中にあるのではないかということが、この「炭焼長者」などを見ていると感じられてきます。だから、これは構造論というか心理学的な読みかもしれませんが、日本の運命譚の特徴として、女性の福分が大きな役割を果たすということがいえそうです。つまり、「鶴女房」のようにじっと耐えて富をもたらして去っていくタイプとは別の話がある。富をもたらすというよりも、元々富はそこにある。炭焼きの男が目の前にあるのに気がついていない富を発見させる。そして、この世で幸せな結婚を成就していくという話ですね。これは数的にはそんなに多くはないけれども、日本の運命譚の特徴を表すものとして注目する必要があると思います。

異類女房譚との違いについて言いますと、「炭焼長者」の再婚型においては、みずからの決意に基づいて離婚と家出を決行する。「鶴女房」のように自分の正体を見られてしまったとかいうことではないですね。それから倉の神様というのが出てくる。倉の神様というのは産神ですけれども、産神からヒントを得るというのも日本の運命譚のひとつの特徴といえます。

ところで、今紹介した奄美大島の「炭焼長者」の話を見ていくと、お父さんは出てくるけれどもお母さんは登場しません。この母親が登場しないというところが興味深いというふうに河合隼雄は述べています。河合の理論でいうと、日本は母子癒着の傾向が強い「母性社会」です。それは日本人の安心感の基盤である一方で、そこから様々な病理が生みだされているというようなところからの深読みで、炭焼長者の妻の場合、母親から独立しているということを読み取っています。このことを加えますと、柳田國男は述べていませんが、日本昔話における「幸運の法則」には女性の福分、女性の積極的な関わりなくしては幸せな結婚は達成できないということがあるのではないか。そういう「幸運の法則」も語られているのではないか。柳田はその辺りは見落としていたのかもしれないと思ったりもします。というのは、柳田さんは養子です。旧姓は松岡だったわけです。ですので、その辺の感覚はなかったのかなと個人的に考えたりもするのです。それと、柳田さんのお母さんはかなりきつい人で、兄嫁さんがそれに耐えかねて二回逃げ出して離婚している。どうも女性の福分という視点では「幸運の法則」をあまり捉えていないように思われます。

このように「幸運の法則」と柳田國男が呼んでいるようなものを軸にして考えると、本日私が担当した誕生譚・運命譚を一貫する日本の昔話の特徴が現れてくるように思います。

おわりに

最後に、ちょっとずれるのですが、私は韓国に三年間住んでいたことがあります。日本語を教える仕事をしていたのですが、同時に韓国の昔話を研究しました。その中で韓国の小学校三年生の教科書に出ている「三年峠」という昔話があります。これはなかなか面白い話です。運命譚といえるかもしれないけれども、いかにも韓国的な感じがします。次のような話です。

ある村に「三年峠」という峠がありました。その峠で転んだ人は、あと三年しか生きられないと言い伝えられていました。ある日、白髭のおじいさんが用心に用心を重ねて三年峠を越えようとしていたところ、うさぎが急に目の前に飛び出し、驚いて転んでしまいました。家に帰ったおじいさんは「わしはもう三年しか生きられない」と嘆き悲しみ、病気になって寝込んでしまいました。そこへ、隣の少年があらわれ、「おじいさん、何をそんなに心配していらっしゃるのですか。早く起きて、また三年峠に行って転んでください」と言いました。おじいさんは「お前は、わしに早く死ねと言うのか」と怒りました。すると、少年は「おじいさん、一度転んだら三年生きられるから、二度転ぶと六年、三度転ぶと九年生きられるのではないですか」と答えました。おじいさんは「なるほど」と思い、峠のてっぺんからごろごろ転がりました。そして「もう五十回も転んだから、これから百五十年生きられるわい」と叫びました。そのおかげか、おじいさんは本当に長生きしたそうです。

これは韓国では誰でも知っている昔話のようです。ここにはプラス思考というか、なかなか日本人には思いつけないような運命の転換の発想が見られます。そして、この場合は女性が出てくるわけではありません。

日本の場合はやはり、まず受け入れるというか、「ここである程度耐えて」というモチーフがあるようです。韓国にもなくはないのでしょうが、こういう積極的にプラスに転換する発想を見ると、韓国昔話における「幸運の法則」というのは、日本とは別の形をとっているような気がします。大衆文化も含めて、どうも日本人には「鶴の恩返し」もそうですが、『平家物語』に見られる「滅びの美学」のようなものがあるようです。韓流ドラマは基本的にハッピーエンドです。そうじゃないとどうも受け入れられない。一方、そのようなドラマは日本人の脚本家にはちょっとリアリティが乏しいかもしれません。最後に韓国の例をあげまして、同じ昔話というジャンルであっても、国や地域によって話の方向性が異なるところがあり、それは話を伝承した人々の思考の枠組みを反映しているのではないか、ということを申し上げました。

〔参考文献〕

小澤俊夫『昔話のコスモロジー』（講談社学術文庫、一九九四年）
河合隼雄『昔話と日本人の心』（岩波現代文庫、二〇〇二年［一九八二］）
川森博司『日本昔話の構造と語り手』（大阪大学出版会、二〇〇〇年）
関敬吾（小澤俊夫補訂）『日本昔話の型　付　モティーフ・話型・分類』（小澤昔ばなし研究所、二〇一三年）
柳田國男『昔話覚書』（ちくま文庫『柳田國男全集』8、一九九〇年［一九四三］）
柳田國男『桃太郎の誕生』（ちくま文庫『柳田國男全集』10、一九九〇年［一九三三］）

少女の成長を語る継子譚

黄地百合子

はじめに

黄地百合子と申します。今日は継子譚のお話をさせていただきます。皆さんは、継子譚とか継子話というと、どのようなものをまず思い浮かべるでしょうか。私は子ども時代、まともに文字も読めないぐらい小さな頃から、絵本などの継子の話がとても好きだったのですが、その頃読んでいた絵本は外国のお話のものだったように思います。「白雪姫」とか「シンデレラ」や「六羽の白鳥」などですね。ところが、大学に入り、御伽草子などを勉強しましたら、日本の古典や昔話にも継子の話がたくさんあることを知りまして、それ以来継子話にのめり込むという感じで勉強してきました。

一　日本における継子を主人公にした物語や昔話

日本の古典の中の継子物語

日本でも非常に長い間、広い範囲で継子話は人気がありました。そこで、まず日本のものから話に入りたいと思います。日本では継子を主人公にした物語や昔話がかなり古くからよく読まれ、また語られて来たことがわかっています。

ご存じの方もおられると思いますが、平安時代の『源氏物語』より前に継子の物語があったと言われています。現在、まとまったかたちで残っている平安時代のものは『落窪物語《おちくぼものがたり》』だけなのですが、古『住吉物語』というものがあったことが知られています。なぜ「古」を付けるかというと、『住吉物語《すみよしものがたり》』が平安時代にすでにあったということは、『源氏物語』や『枕草子』やいろんな書物に名前が出て来ますし、あるいは『住吉物語』の中の出来事だろうと考えられることが物語の中に女房の会話のかたちなどで出て来たりするのでわかるのですが、ただ、現存の『住吉物語』には平安時代のものはなく、鎌倉時代以降のものしかないからなのです。それで古『住吉物語』というふうに言われていますけれど、『源氏物語』以前にすでに『住吉物語』は読まれていたということになるわけです。

では、そんなに古くから読まれていた『住吉物語』とはどのような物語なのか。古『住吉物語』の改作本とされる鎌倉時代のものでそのストーリーを見ていきたいと思います。

昔、中納言兼左衛門督《かみ》には二人の妻の間に三人の娘がいました。そのうちの長女にあたる大君というのが主人公（住吉姫君）です。姫君が八歳の時に母宮が亡くなり、主人公は継子になってしまいます。実の母が亡くなったけれども、父親には二人の妻がいるので、もう一人の妻がこの姫の継母になるわけです。成長し、父の屋敷に引き取られた後、男主人公である四位少将が登場します。この人が筑前という女房を介して継子の姫君に求婚をしますが、継母の謀りによって妹の三の君と男君が先に結婚してしまいます。これはよくある「偽の花嫁」のパターンと言えるかも知れません。ところが男君は、最初は騙されていたのですが、そのうち自分の目当ての女性ではなかったということに気が付き、やっと主人公の姫君と交流が出来はじめます。姫君に入内話や結婚話が持ち上がると、そのたびに継母による妨害がなされ、姫君は余りのことに侍従（乳母子）とともに住吉へ失踪します。それで『住吉物語』と呼ばれるわけです。姫が行方不明になったので、男君は必死で行方を探し求めますが、なかなか見つからない。長谷観音の霊夢によってやっと住吉に至ります。そして姫君と再会し、ついに契りを結ぶ。やっと結婚できたわけです。そして、幸福な結婚生活を送り、姫君は実の父親と劇的に再会をする。継母は没落してついに世を去る。

簡単にいうとこういう物語です。この『住吉物語』が鎌倉時代以降大流行をしまして、大変な人気があったらしく非常にたくさんの異本が残されています。その頃は印刷技術がまだありませんので、面白いなと思った物語を書き写すわけですが、そのたびに少しずつずれていったり、あるいは書き写した人が勝手に膨らませたり削ったりしますので、いくつも違うものが出来上がる。それが異本で、現存している写本や版本だけですでに二百を越えると言われます。当時、どれほど読まれていたかということが想像できるかと思います。

時代が下がって室町時代になりますと、たくさんの物語草子が書かれ、また読まれるようになります。継子物語も何種類もあるのですが、その中の『岩屋』『ふせや』『秋月物語』などは『住吉物語』と似ていまして、特に『ふせや』や『秋月物語』は『住吉物語』の異本と言ってもいいくらいの内容です。ですから、室町時代の物語草子、江戸時代になりますと御伽草子というふうにもまとめられますけれども、その頃まで『住吉物語』はずうっと人気を保ち続けたということになります。そして、室町期の物語草子では、『住吉物語』に似た話以外に『鉢かづき』『はな世の姫』『うはかは』『いづはこねの御本地』『中将姫本地』など、いくつもの継子を主人公にした物語が書かれ、読まれるようになっていきます。また、平安時代からある様々な説話集の中の説話や、謡曲、説経節などにもいわゆる継子物が多く見られます。そんなふうに、日本の古典の中には、継子を主人公にした物語や説話が非常にたくさん存在するということです。

昔話の継子譚

一方、口伝えされて来たものの中にも、継子譚が数多くあり、現代まで語り継がれている昔話の継子譚として、関敬吾氏の『日本昔話大成』には、「米福粟福」「米埋糠埋」「皿々山」「お銀小金」「手なし娘」「姥皮」「鉢かづき」「灰坊」「粟拾い」「継子の苺拾い」「継子と鳥」「継子と笛」「継子の釜茹」など計二十話型が紹介されています。そのうち「米埋糠埋」や「継子の釜茹」などは短い話で、世間話的と言ってもいいくらいのものです。短い話にはちょっと暗くて残酷な感じのも見られますが、日本の昔話の中で、女の子を主人公にした話として非常にストーリー性のある話が多いのが継子話ではないかと思います。「灰坊」という男の子を主人公にしたお話もありますが、それ以外は基本的に女の子が継子なのです。なぜ女の子が継子なのかについてはまた後で考えていきたいと思います。そして、世間話的なものを除けば、「継子と鳥」「継子と笛」以外のお話はみなハッピーエンドです。最後は継子が幸福な結婚をするというものが多いのですが、結婚をしなくても、継子が幸せになるというふうに語ります。

ここで、実際の継子話の一つを、CDで聞いていただこうと思います。

「継子の椎の実拾い」（語り　森川はなさん　石川県鳳至郡旧柳田村）

むかしね、女の子のおるとこへ、お母さんが女の子を一人連れてお嫁に来たがやて。継親《ままおや》じゃね。そいたら、その二人の女の子を、自分のがと人のがとお母さんな二人持っとるがや。ほいたら、人の子には穴のあいたがをやって、穴のあかんがを自分の子にやって、

「これにいっぱい拾うて来《こ》にゃお前を家《うち》に入れんぞ」て、こう言うて家から出いたがやて。

そしたら、山へ行って拾うとりゃあ、穴のあかん子は一つ入れりゃ一つたまっさかい、早や夕方になったら、

「さあ、おれゃ行くじゃ」ちゅうて言うて行ってしもうた。そしたら、その穴のあいたがは、一つ入れりゃ一つ出ていくさかい何もたまらん。そしたら、日ゃあ暮れてしもうし、そしたら、

「おりゃ、そんならおるわ」ちゅうて、そして拾うとった。拾うとったら、暗うなってきて、地べた見えんようになって、真っ暗になってきてしもた。どこへ行くにも行かれん、家にも帰られんし、そこに泣いとったんや。シクシクと。

そうしたら、向こうの方からチョロチョロッと灯《ひ》が見えた。あこ行って助けてもらおうと思うて行ったんや。行ったら、地蔵様がご飯炊いとらした。そしたら、

「おれを助けてくだんし、泊めてくだんし。頼む。おらあ椎の実拾とったら暗うなって、家へ戻られんがになってもた」って。

「ああ、かわいそうな。そんな小《ち》んちゃいもんがそういうこと言うてきたか」ちゅうて、そして、かわいそうな

ちゅうて泊めてくさった。ご飯炊いて食わして。そんで、

「さあ、今寝る時にゃあ、おれといっしょに寝とったちゃ、このおれがとこへ夜さり鬼が来っさかい。お前を食べてもうさかい、鶏部屋《とりべや》上がって寝とれ」って。そしたら、その娘にこんな長い木一本と箕《み》一つと下げさせて、そして、

「早やもう夜が明くわと思うたら、パタパタッとその箕を叩いて、そしてケッケロ一ッて歌うと鬼どもは行ってもうさかい」。そう言うて聞かして。そしたら、

「はい」ちゅうて、その子は鶏部屋にこうしてじいっと聞いとったら、バアッ、ガサガサガサガサガサーッちゅうて鳴って来た時に、怒鳴って、そうして、

「人臭い、人臭い」ってて言うて、鬼ゃ入って来た。

「何じゃら人間臭てどうもならん」て鬼ゃ入って来て。そいたらその地蔵様が、

「なあも、人間なおらんのや」

「いいや、どっか人間のいる気がしてどうもならん」て、鬼どもぁ。赤鬼じゃら黒鬼じゃら入って来て、そして、何、骨取って来て食うとるがやら、バリバリバリバリバリと食うては、夜さり、夜中じゅう、人間臭うてどうもならんちゅうて、そしておった。

そしたら、その子は恐《おと》ろして恐《おと》ろしてどうもならんけど、まあ、夜朝《よあさ》になったら、長い木で箕ぃパタパタと叩いて、ケッケロ一ッて歌うた。

「おおっ、さあ夜は明く。さあ行くまいか」って、鬼ゃ行ってしもうた。そっから、

「さあ、降りて来い」て言うて、地蔵様言わした。そしたら、その子は降りて行ったら、そしたら、「ああ、お前はうまいこと夜さり歌うた。ほした鬼ゃ行ってしもうた。もう二度とここへ来るなや。来たちゃ、鬼ゃ食てまうげえぞ」ちゅうて。そして、その袋を接いでやって、その袋に銭を一杯入れてやって。そして、「こっで来んなや」ちゅうてやったんや。そしたらその子は夜明けたもんじゃさかい、家へ戻ったんや。椎の実の代わりに銭を一杯貰うたさかい。そして、

「かあちゃん」ちゅうて戻った。

（以下略す。ＣＤは稲田浩二監修・解説『現地録音　日本の昔話1東日本編』より。）

長い話ですので途中までで申しわけありません。この後、母親に言われ本子が同じように地蔵さんのところへ行くのですが、本子の方は弱虫で、うまく「ケッケローッ」と言えなくて、失敗をしてえらい目にあうという、ちょっと隣の爺型のような話で終わります。

このタイプの話というのは「栗拾い」とも言われます。そして、ただ単に継子のほうがうまく拾えなくて帰って来たというだけの、本当に短い話で終わるものもあれば、あるいは「米福粟福」の後半のような内容に続いて行く話や、地蔵ではなくて山姥からたくさんの宝物を貰って帰るというふうな話になるものもあり、いろいろな展開をするのですけれども、実際の石川県の継子話の一つはこんな感じで語られるということで聞いていただきました。

古典の継子物語と昔話の交流

ところで、昔話と、先程紹介しました日本の古典の継子物語とは密接な交流がありまして、特に室町期の継子もの

の物語草子の中には、当時たぶん民間で語られていたであろう昔話を物語草子に書き換えた、いわば文学表現にしたものがあることがわかっています。その代表的なのが『鉢かづき』『はな世の姫』『うはかは』の三作で、いずれも後で詳しく話します昔話の「姥皮」の話のストーリーをそのまま物語草子にしたような内容なのです。

『鉢かづき』は、「姥皮」に出てくる、女の子をお婆さんの姿に変身させる〝姥皮〟が、〝鉢〟に変わっていますが、『はな世の姫』と『うはかは』につきましては、〝姥皮〟そのままが物語の中に出てきます。そして、昔話と同じように、婆の姿で窯の火焚きなどになって、ひそかに美しい姿に戻っているところを若君に見染められるものの、若君の両親が結婚に大反対します。そこで、嫁として認められるために〝嫁比べ〟ということになりますが、主人公の姫君は両親の前に美しい姿で現れ様々な技能を発揮して、若君とめでたく結婚するというふうに話が展開します。物語では貴族や豪族の話になっていますので、非常に身分の高い主人公であったり若君であったりするところは昔話と異なります。他の物語草子では、『伊豆箱根の御本地』は昔話の「お銀小銀」とほぼ同じストーリーを持っています。

御伽草子においては古典作品と昔話（当時の民間説話）との交流があったということが、例えば『一寸法師』や『浦島太郎』などのいろんな作品でも言われていますけれども、継子譚においても、まさに古典の文学作品と民間説話が交流をしていた、民間説話の水脈を汲み上げて古典作品を作り上げたというふうに言えるのです。また、全国で二十五話ほどの報告例がある昔話の「鉢かづき」には御伽草子の影響が考えられると言われていますし、私が調べた「鉢かづき」の昔話にも明らかにそういう点が見られました。ということは、継子譚に関しては、民間説話から物語草子へ、また、物語の方から民間説話の方へという、相互交流があったと言えるわけです。それほど昔話と物語、どちらにおいても継子話は大変な人気があって、多くの人に読まれ、語り継がれてきたということがわかると思います。

二　外国の昔話の継子譚

グリムの継子譚

私はどちらかというと外国のお話を絵本でよく読んだと言いましたが、皆さんもご存じのように、グリムにもたくさんの継子話があります。グリムの継子譚として知られている主なものは、「灰かぶり」「ヘンゼルとグレーテル」「白雪姫」「ホレおばさん」「六羽の白鳥」「白い嫁黒い嫁」などですが、意外にもドイツなどヨーロッパの伝承では「灰かぶり」以外は必ずしも継子話ではないようです。とにかく何らかの事情で子どもが家を出る、または旅立つというふうな話であって、継母が継子を追い出すというかたちの話は少ないと、ドイツの昔話の研究をされている方が言っています。だから、ドイツの昔話では「継子譚」という分類はないそうですね。継子いじめは、とにかく子どもを出立させる一つのエピソードと考えられるのではないかというのです。

有名な話ですが、「ヘンゼルとグレーテル」や「白雪姫」も、初版では実の母親だったそうです。ところがグリムが版を変える時に、継母に書き換えたと言われています。だから、おそらく継母の話もあったのでしょうが、実母の話としても語られていたということです。日本では継子譚の「手なし娘」でも、娘が家を出る理由として多いのは「白雪姫」のような実母の嫉妬であったり、あるいは「千枚皮」のように、実の父親からの求婚であったりする。シンデレラ型と言われる話もすべてが継子話ではないのです。日本ではなぜ継母・継子の話が多いのかということについても考えねばなりませんが、継子譚が外国ではどんなふうに語られているかという点も、非常に興味深いことであります。

中国その他アジアの継子譚

次に、中国やアジアの継子譚ですが、中国の継子譚として忘れてならないのは、唐の時代（九世紀）の『酉陽雑俎《ゆうようざっそ》』に記された「葉限《イエシェン》」の話です。これは、ヨーロッパの人々に、中国にこんな「灰かぶり」とよく似た話がある——と初めて紹介されたきっかけが南方熊楠《みなかたくまぐす》の指摘だということでも有名です。葉限は主人公の継子の名前です。やはり継母にこき使われている。そして、継子を援助するのは魚です。その魚をいつも葉限が可愛がっているので継母が食べてしまう。食べられたことで葉限は非常に悲しみます。そこに仙人が現れて、魚の骨を大切にしなさいと言う。すると、魚の骨にお願いをするたびに葉限の欲しいものが次から次と出てくる。葉限は魚にお願いをしてきれいな衣裳を出してもらい祭に出かけ、みんなに美しいと言われますが、自分の姿を継母にわかってはいけないので、慌てて逃げる途中に片方の靴を落としてしまいます。なんと、葉限の話は九世紀に記録された中国の話なんですけれども、「灰かぶり」の中に出てくる靴のエピソードも出てくるのです。そして、その靴が「軽きこと毛の如く、石を踏んでも音を立てなかった」というふうに表現されています。葉限はフワフワと、地に足が付かないような状態で歩いていたということになりますね。そして、最後に国王の妻になる。非常に長い話ですので、かいつまんでお話しました。とにかく、九世紀にすでに中国には「灰かぶり」と同じような話が民間で伝承されていたということです。

そして、今もやはり連綿とアジアの各国で同じような話が伝承されているということが、どんどん採録が進んでわかってきたようです。中国漢族の「小町娘《チェンメイ》とあばた娘《パーメイ》」という話、日本語訳をするとちょっと露骨なタイトルになるのですが、「美しい娘とちょっと不細工な娘」ということなんでしょう。同じ中国広州のチワン（壮）族の「ターカ・タールン」、韓国の「コンジとパッジ」、そしてベトナムの「タムとカム」など。他にもいろいろあるのですが、名前が重ねられている題名のものは、「米福粟福」と同じように、主人公と本子というか、継子と本子の名前がそのままタイトルになっているものです。そして、いずれも「灰かぶり」と同じようなストーリーから始まって、靴のテストもあって、後半が偽の花嫁の話になります。グリムで言いますと「白い嫁黒い嫁」のような、継母が自分の娘を先に王子様とか若者の嫁として差し出し、男の方が騙されてしまう。『住吉物語』でもそうでしたが、なぜか男は騙されますね。それで、ハッと気が付いた時には自分の本命ではなかったとか大慌てするわけです。最後に本物がわかって、偽の花嫁であった本子や継母は処罰を受けたり死んでしまったりする。必ずどの話にも援助者が現われ、それは魚であったり牛や蛙であったり、あるいは日本の山姥のように老婆であったりというふうです。その他、トルコの「毛皮むすめ」というのは日本の「姥皮」のような話です。そんなふうに、アジアの継子譚にも非常にグリムによく似たもの、日本の「米福粟福」や「姥皮」に繋がるものもたくさん伝承されているということであります。

三　継子譚の基本的な構造

様々な話を紹介してきましたが、ここで継子譚の基本的な構造、中でもストーリー性のあるものの構造を三段階にまとめてみましょう。第一段階は、継子が継母に家事などを押しつけられ、いじめられる、または家を追われてしまう、これが発端です。「継子いじめ」と簡単に言いますが、昔話ではいじめの内容はほとんどが継母に家事などを押し付けられるということです。または、何らかの理由で家を追い出されます。そして第二段階、これが一番長い部分になるわけで、継子はいろいろな苦難を経験しますが、援助者が現れます。特にこの援助者は何か霊的な力のある者であることが多く、そういう援助者の力を借りて苦難を乗り越える。これが話の展開の部分ということになります。そして最後、結びの部分は、継子が幸福を手に入れる。多くは結婚をするということです。

このような三段構成の話というのは他にもたくさんあります。冒頭で主人公は、何か本来あるべきものが無い、欠けているという状態なのです。何かを失っている。そして、苦難とか放浪を経験した末に、最後は意味のあるものを手に入れたり、幸福になったりする。これは実は英雄譚にもあるパターンですし、いわゆる貴種流離譚もそういうパターンになるかと思います。だから、継子譚を貴種流離譚の女性版だというふうに言う説もあるのです。

四　日本の継子譚の中で、「米福粟福」と「姥皮」について

「米福粟福」の話

ついで、日本の継子話として代表的な「米福粟福《こめぶくあわぶく》」の話と、「姥皮」の話、この二つを取り上げて少し詳しく見ていきたいと思います。

継子話の代表格といわれる「米福粟福」ですが、実際の日本各地の伝承では「粟福米福」や「糠福米福」、また「米福糠福」とも言い、糠や粟が継子の時もあるし本子の時もあったりして、なかなか名前の付け方が面白いのです。

ちょっと余談になりますが、「米埋糠埋《こめうめぬかうめ》」という短い話があります。その話では継子を糠の中に寝かせ、本子を大事な子だというので大切な米の中に寝かせます。しばらくして継母が見てみたら、実の子は冷たい米の中で死んでいて、継子が温かい糠の中でぬくぬくとしていたというふうに語られて、最後に継母が、えらいことをしたなあと後悔

して終わるのです。そうしますと糠の方に継子がいるわけですよね。私たちの感覚では米の方が大事で主人公は米だろうとつい思ってしまうのですが、「糠福米福」が本当ではないか、糠が継子ではないかというふうに言う方もあります。これから紹介する話も糠福のほうが継子です。「糠福とベンダラ」という、福島県大沼郡旧会津高田町の原ミツヨさんの語りの前半です。

　おどっつあまとおがあっさまがいらって、糠福って言《ゆ》う子ができて、そうしているうちに、おどっつあまは職人だったから、出稼ぎさ行ってるうちにおがあっさまが死んでしまったと。そうしたれば跡目のかかさまもらっていたれば、また子ができて、ベンダラとつかった。そうしてるうぢに、おっきくなって、秋だから栗拾いさ行って来る、って言《ゆ》うわけで、ベンダラさはいい袋、糠福さは切っちゃ袋あずけた。そんじぇ、なんぼ拾っても〳〵姉様の方はたまんねぇって言《ゆ》うだな。それから、妹の方はよっぽどたまっただべ。

「いっぺぇたまったから、おら、はあ、家《うっ》さ帰《けえ》る」って言《ゆ》ったと。

「おれいまちっと拾ってんから、先行ってたっていい」

「そんじゃ、拾って来らっしぇ。おれ先行ってっから」って、先に帰《けえ》ったと。それから糠福は考《かんげ》えだって。〈おれはこうだ切っちゃ袋あずけらっちゃ、ベンダラは切んにぇ袋あずけらっちゃ、ほんに跡目のかかさまなんちゅうはこんなわけか〉ど思って、今度《こんだ》、墓場さ行って泣いてたと。

「妹はいい袋あずけらっちぇ、いっぺえ拾って帰《けえ》ってったのに、おれは切れた袋あずけらっちぇ、ひとっつもたまんねぇ」なんて、大変に泣ったただと。そしたれば、おがあっさま出て来て、

「そうが、そう言《ゆ》うわけだれば、欲しい物があったら、ここさ来て、なんでも欲しい物―衣裳が欲しい時は衣裳

が出ろ、帯欲しい時は帯出ろって、叩《はた》け」って教《おせ》えだと。そんじぇ、〈ああ、親ってゆうものは有難《ありがて》いもんだ〉と思って、家さ帰《うつけえ》って来たど。

（以下略す。國學院大學説話研究会編『会津百話』より。）

この後、継母がベンダラだけ連れて芝居見物に行くことになり、糠福はいっぱい仕事を言いつけられます。自分も芝居見物に行きたいと思う糠福は墓場に行って衣裳やお金を出し、仕事は友だちに手伝ってもらって、芝居に行きます。そこで妹と継母を見つけて、饅頭を買ってそれを投げ付けたりするのですが、継母は気づきません。最後は「皿々山」のモチーフが入って糠福が家の相続人に選ばれます。多くの「米福粟福」の伝承では、いろいろな仕事を押しつけられて芝居や祭などに行けない継子は、援助者の力を借りて仕事を終え、実母の霊または山姥から貰ったものから衣裳などを出して、美しい姿になって芝居や祭に行きます。そして、その場で長者の息子など皆が憧れる男の人に見染められて、本子を嫁に出そうとする継母の意図とは反してその若様の嫁になるというのです。

もうおわかりのように、日本の継子譚の中で最も「灰かぶり」に近いのがこの「米福粟福」です。日本でも非常にたくさん伝承されていまして、『日本昔話大成』では約二百七十話の報告例があります。ただ、東日本の方に後半が「灰かぶり」型になる話が集中していて、西日本では先程聞いていただいたような、「栗拾い」の後半が「地蔵浄土」型になる話が多くなっています。

なぜそんなふうに東日本と西日本で違うのかは伝播の問題もありまして、私には今は何も申し上げる材料は無いのですが、伝播と関わって興味深いのは、本物探しの方法に日本の話では、ヨーロッパ・中国・韓国ではあった靴のエピソードがないということです。これはなぜなのか他の研究者も注目しておられますが、よくわからないそうです。

なぜか日本には靴のエピソードが入って来なかった。日本の履物文化とも関係あるかと思います。それで、嫁比べ的な姿比べ、あるいは「皿々山」の話に見られる歌比べというようなかたちで、本物の嫁を決定する――というふうに話が展開するわけです。

「姥皮」の話

次に「姥皮」の話ですが、実は「姥皮」の話の発端で、継子が継母によって家を追われるというのは、私が調べたところでは全体の約一割なのです。以前全国で二百話余りの「姥皮」の話を詳しく調べたのですが、その中で約二十話ほどが継子の話で始まり、他のものはほとんど「蛇聟入」の〈水乞型〉または〈蛙報恩型〉で始まります。なぜ「蛇聟入」に続くのかということについてもいろんな説がありますけれども、とにかく室町時代の物語草子に「姥皮」型のお話があったわけですから、室町時代のころにはすでに継子話から始まる「姥皮」が伝承されていたと考えられ、元々は「姥皮」は継子話だったのだろう、ところが、その後何らかの事情で「蛇聟入〈水乞型〉」に結びついてしまったのではないか――というふうに大体は言われています。ただ、私は最近この結び付きには別の見方もできるのではないかと考えております。それは後で述べることにしたいと思います。

わずか一割しかない中の、継子いじめから始まる「姥皮」の例を見ていただきたいと思います。新潟県東蒲原郡旧津川町の清野一太さんの語りです。

「娘が婆さまのまね」

昔あったであな。あるところに、父ちゃと母《かか》さいであったであな。ところが母さ、女の子供一人残して死んでしまったであな。父ちゃ、なんともしょねで、後妻貰ったところが、その後妻にまた、子供一人生れであな。ところが、その母さこんだ、その先妻の子供ば、憎くてしょねから、仕事いっぱいさせて、自分のやる仕事もみんな、その娘にさせていたところが、その娘、ちょっとも暇ねくて、友達迎いに来ても行かんねであな。

「母《がつか》〳〵、おら家で仕事いっぱいあるね（あるが）、おら友だち迎いに来ても、遊びに行かんねも。」

「え、そうか。そんなにお前仕事やんだら、どこさでも行ってしまい。」

そう言われて、こんだ、その娘自分の荷物持って、出て行ったであな。ところが、途中で日暮れてしまって、先きの村へ行かんねであな。「これは、困ったな。」そう思って歩いていたところが、そこに家一軒あったから、ここへ泊めて貰うと思って、頼んだところが、その婆さま出て来て、

「お前また、こんな暗くなって、どこへ行ぐあんだば。」

「おれ母さに、しかられて来たから、隣村まで行ぐつもりで出て来たあんだ。」

「あ、そうげ〳〵。そうせば今夜、おら家で泊って、明日の朝早く行がせや。」

そう言ってその婆さま快く泊めてくれたであな。娘こんだ、その婆さまの家で泊って、朝さ行ぐつもりでいたところが、その婆さま、その娘に話したであな。

「姉《あね》〳〵、お前この先行ぐと、峠あるが、その峠に悪い山賊いるが、お前そのままでは、押さいられてしまうぞ。したがら、お前その峠行ぐには、年寄り婆さまのまねして行げばよいわい。おれ、この婆さまの着物お前にくれてやるから、この着物着て、顔さ少しひそび（煤）でもつけて、杖い棒ついて、頬《ほう》かむりして、腰曲げて、ドッコイショ〳〵と音出して行げばよいぜ。そうせば、さしつかいねいから。」

「あ、そうかね。」

そうしてその娘、婆さまの言う通り、その婆さまの着物着て、頬かむりして、顔さひそびつけて、杖い棒ついて、腰曲げて、ドッコイショ〳〵て、行ったところが、間違いね、山の方から山賊出て来て、

「あ、婆さまだな。婆さまでは駄目だ。通してやれ。」

そうして、その娘やっと、その村さ入って、ある人に聞いたであな。

「この村で、誰れか、おれば使ってくれる所ねべかね。もしあったら、教えてくんない。」

「そうだな、この先の旦那さまの家へ行って見らせ。使ってくれるかも知ねから。」

そうして、その娘、その旦那の家へ行って、頼んだであな。

「旦那〳〵、おれなんでも、一所懸命にやるから、どうか、おれば使ってくんなかいや。」

「あ、そうか〳〵。そうせば、おらところ働いてくれ。」

そうして、その婆さま、一所懸命に掃除したり、飯炊《まんま》いたり、あれもこれもとやっていたであな。そうして、寝る時には小屋で、一人でランプつけて寝ていたであな。ところが、ある時、その旦那の息子、その小屋のぞいて見たところが、ばかきれいな娘、針仕事していたであな。その息子その娘見たところが、自分が気に入って、「あんなよい女、嫁に貰ったらよかんべな。」。毎日〳〵そう思って、病気になって、床についてしまったであな。

（以下略す。大東文化大学民俗学研究会編『新潟の昔話　長谷屋の昔語り』より。）

長い話ですのでこの辺までにいたします。この後、その病気の原因がわからないということで八卦に見てもらうと、これは恋煩いだということになりまして、親が家の女子衆《おなご》に順番に飯を持って息子のところへ行くように言います。

息子は誰が来ても「だめだ、だめだ。食べない。」と言うけれども、その婆さまが来た時だけはニコニコして食べて、その婆さまが改めて美しい姿になって現れて来て皆が驚き、そんなすばらしい娘だったのかということで息子の嫁に決定し、最後は幸せになるという話です。

これが継子いじめに始まる「姥皮」の、典型的な話というふうに言えるかも知れません。ただ、男が娘を見染めた後病気になるのではなくて、親が娘に難題を出していろんなテストをする、そのテストに合格した者を息子の嫁にするという難題型の話もけっこう伝承されていまして、その話だと余計に物語草子の『鉢かづき』や『はな世の姫』などに近づくことになります。そんなふうに、「姥皮」の話は、継子いじめから始まるものもあるのですが、多くは「蛇聟入」に始まって、姥皮をくれる老婆の家に辿り着いたところからは、継子に始まる話も「蛇聟入」に始まる話もほぼ同じような展開をするということになるわけです。

そしてこの「姥皮」が、グリムの「千枚皮」とか、イギリスなどにある「藺草《いぐさ》の頭巾」の話に似ていることにお気づきでしょう。ところが、グリムの「千枚皮」は、父親が娘に求婚する始まり方をしますし、「藺草の頭巾」は、三人娘のうち主人公だけが「お父さんのことを塩のように好きだ」と言うので、けしからん――と娘を追い出してしまうという始まり方をするものが多いそうです。ということは、日本でも外国でも「姥皮」のタイプの話は、冒頭の部分にいろんなバリエーションがあるということです。

五　継子譚についての様々な見方

「継子譚は婚姻制度などの社会的状況が作りだした」という説

ここで、今まで継子譚についていろんな方面の研究者が言っておられることの代表的なものをいくつか紹介したいと思います。

かつて、継子譚は婚姻制度などの社会的状況が作り出したという説がありました。歴史学的な考えの人を主として、物語研究者や児童文学者の中にもおられました。継子譚は継子の境遇になる子どもが出現するような婚姻制度、主に母系制から父系制へと婚姻制度が変わってから出て来たものではないかという説です。極端な話、『住吉物語』が継子話になったのも鎌倉時代以降じゃないか、平安時代の『住吉物語』は継子話ではなかったのではないかと、残っていないですから証拠がないので、そんなふうに言う研究者もあったそうです。日本では鎌倉時代以降に父系中心の婚姻が定着して、そこで『住吉物語』や継子ものの物語の人気も非常に高くなった、つまり、継子の境遇の人が増えて来ると、読者や聞き手にとっては継子のあわれな境遇への同情がその話を受け入れやすくするというような考え方です。そして、それはまた、実の親のありがたさを教え示す親孝行教育にもなるというのです。

「通過儀礼としての継子譚」という説

継子譚の研究に興味を抱いた者が必ず読むと言ってよい関敬吾氏の「婚姻譚としての住吉物語―物語文学と昔話―」という論文があります。昭和三十七年に発表されたものです。そこでは継子物語の主人公の年齢に注目しています。昔話ではあまり年齢は言わないのですが、物語の方では大体七、八歳ぐらいで実の母が亡くなって、継子いじめが始まるのは十三歳ぐらいからというのが多いのです。十三歳というのは実は昔の女子の成人儀礼の年齢です。十三歳と決まっていたわけではありませんが、その頃にいわゆる裳着《もぎ》をして、女の子が結婚することができる女性になったということを知らせる。それは一種の通過儀礼であるわけです。だから、継子いじめの話は女の子の通過儀礼（死と再生の儀礼）を物語化したものだというふうに言われるのが関敬吾氏の説です。

日本の昔の村落では、女の子の場合はいわゆる初潮をみた時に成女式を行う、成人になるという地域が多かったようです。その時期になった女の子を月のものをみる時だけ過ごさせる特別な場所で、〝他屋《たや》〟といわれるものがあった地域があります。その他屋は、月のものの間の娘と、赤ちゃんを産んだ直後の女性などが住まいする場所ですが、村の一隅や屋敷の横にあったりしたそうです。そういうところで暮らす女の子の世話をするのが大体お婆さんであった。昔話の継子譚の中では、「姥皮」でも「米福粟福」でも、山の一軒家に住む山姥や山の婆さんなどが継子の援助者として出て来ます。そこで関敬吾氏は、山の一軒家は他屋で、山姥や山の婆は他屋の老女に当たるとされます。

いじめの内容も、「米福粟福」で継母が継子に与える仕事というのは、いわば家事能力を問う内容である。だから、継母というのは、母親が、初潮をみた娘、もうすぐ結婚をしなければならない娘に、大人の女性になるための教育をした、それを昔話化したものだというふうに言われるわけです。

その関敬吾氏の説を踏まえて、平安時代の物語の研究をされていた三谷邦明氏が、「平安朝における継母子物語の系譜」という論文を出され、平安時代においてはちょうど継子と同じぐらいの年齢のお姫様が継子物語を読んだであろう、その継子物語を読むという読書体験が通過儀礼そのものであったのだというふうに述べました。読者は自分と主人公を重ねて、そこで精神的に通過儀礼を経験した。自分がいじめられる主人公に感情移入し、最後に幸せになる主人公になり切った気持ちになって通過儀礼を疑似体験したのではないか。それが平安時代における継子物語の読書のかたちだったのではないかと言われます。

その三谷氏の説をさらに進めて、藤井貞和氏は『物語の結婚』で、物語などを読んだり、あるいは読み聞かせられたりした少女たちは、自分と女主人公との隔たりがほとんど曖昧になってしまう、そこで、もう女主人公のような気分になる、それは非常にシャーマニックな関係だ、というふうに言います。また主人公は逆に、読者である平安時代のお姫様に乗り移る。そして、物語の中の少女がカミとして結婚すると、乗り移られるように読者である少女たちも結婚する。まさに十三歳前後の女の子が物語を読むということはすごい体験だったのではないかと言われるのです。

継子譚についての心理学からの見方

次に心理学の観点について少し触れておきたいと思います。フロイト派のベッテルハイムは、『昔話の魔力』という書物の中で、「灰かぶり」を中心としたシンデレラの話について非常に詳しく述べています。そこには少女の様々な無意識が込められている、本子と継子の対立が示すような姉妹との競争心、そして、母親に抱く心の中の悪い心と良い心、あるいは、母親とお父さんを取り合うというエレクトラコンプレックスなど、様々な無意識があるのではないかという説です。また「千枚皮」のように、自分を妻にしようとする父親から逃げるタイプの話は、娘と父双方の抑圧された無意識が読んで取れるといった、いかにもフロイト派といった感じの発想もあるのですが、ともかく、全体としては女の子の成長の内的な過程が示されている話であるだろうとし、だから、シンデレラ・タイプの話はこの話を聞いて育った女の子を精神的に支えて行くのではないかと言っています。

日本でも、ユング派の河合隼雄氏が様々な著書で継子譚に言及しておられます。その説を簡単に紹介しますと、ユング派の方は、母性原理とか父性原理とかいうふうに、具体的な母親・父親ではなく、原理を言われる、だから、継母というのは母性原理の否定的側面を表したものとされます。母親には肯定的な側面と否定的な側面があって、その否定的側面を継母が一身に担っているのだろうというのです。しかし、娘というのは、その母親の否定的側面を体験して初めて自立できるというふうにおっしゃいます。継母はむしろ娘の成長を促進する立場にあるというわけです。

継母は継子をいじめますが、一方、本子のことは包み込んで良い子良い子というふうに最後まで守ります。常に母親が子どもの先に立って世話をし続けます。ところが最後に本子は不幸になる。だから、そんなふうに包み込んでやさしくばかりする母親は、実は娘を駄目にしてしまう、母性の肯定的側面というのは実は娘にとっては非常によくない面がある、母親だけに包み込まれたままの幸せな状態というのは後で破綻するという発想です。だから、一旦、否定的側面に出くわして、それにいわば対抗するようにしてがんばった継子の方が大人の女性に成長して母親を超えることができる、そこに継子譚のテーマを見るという考えです。

「〝灰かぶり〟は聖なる存在」という説

「灰かぶりは聖なる存在」とは、中沢新一氏が『人類最古の哲学』の中で言っておられることです。簡単に紹介しますと、「灰かぶり」は仲介者、仲立ちをするものであるということ。「灰かぶり」の話では、「米福粟福」の場合でも「姥皮」の場合でもそうですが、主人公の娘はみんな一旦あの世のようなところへ行く。異界です。山の中とか山姥の家とか、そういう現実の世界とは違う異界、あの世・死者の世界へ行く。だから、この世とあの世、この世と死者の世界、現実世界と異界とをコミュニケーションできるのが継子譚の主人公であるというのです。中沢新一氏は、この書物の中で外国の話をかなり紹介されているのに、日本の話には一つも触れられていないのがとても残念なのですが、とにかくそんなふうに、継子の存在は境界的存在で、仲立ちをする存在である、あの世とこの世、現実世界と異界をコミュニケーションできる、だから非常にシャーマン的で聖なる存在であるということなのです。

結論として、「灰かぶり」などのシンデレラの話は非常に神話的思考をたくさん含んでいて、非常に古い神話を内包した話だというふうに言っておられます。

六　思春期の少女にとっての継子譚の意味

思春期と継子譚

さて、私は、継子譚が遠い昔から現代までなぜこんなに人気があるのか、自分自身も継子譚が大好きで皆も好きなのはどうしてか、考え続けています。そこで、今まで紹介したいろんな方の説には教えられる点がいっぱいあるのですが、私の考えも少し述べたいと思います。

継子譚というのは今で言えば思春期の少女の話です。思春期というのは、みなさんも経験がおありかと思いますが、女性の一生の中では最も危険と言ってもいい時期ではないでしょうか。そういう時期を描いたのが継子譚ではないかと考えています。思春期というのは、かつては村落共同体といいますか、昔の村の中では通過儀礼が行われた年頃なのです。その通過儀礼は、女の子の場合は初潮をみてから行われる、初潮が通過儀礼の始まりを意味したということを言いました。ところが、当の女の子にとっては、その通過儀礼の時期というのは、自分ではよくわかっていないのに、自覚がないのに突然やって来る。ということは、自分はまだまだ子どもでいるつもりなのに、突然「お前はもう結婚してもいいんだよ」と言われるわけです。その落差にはものすごいものがあります。そういう経験が女の子に非常に大きな精神的動揺を与えて、危険な精神状態にするのではないかなと思うのです。

かつての共同体は、娘がそういう危険な時期にいるということの重要性を知っていたのではないか。それは理屈ではなくて、無意識のうちに。共同体にとって、子どもが無事に大人になるということは非常に重要なことです。存続に関わるわけですから。だから、昔話の継子譚は少女を無事大人にするために語られ続けてきた話ではないかと想像するのです。それは共同体というか、語り継いできた側からの発想としてです。

でも、少女の側、聞き手、あるいは物語の読み手からすると、継子譚というのは、思春期の危険な時期を乗り越えて大人になるための話と言えます。自分は本当は心の中に動揺もあれば、それこそ暗闇の中に紛れ込んだような、山姥に出会う前の少女のような怖い気持ちになっているのだけれども、この継子の話を読めば、または聞いたら、いつかそういう時期を乗り越えられるというふうに感じられる話であるわけです。

最近は継子譚も小さい子どもに語られる話になってしまっているのかも知れませんが、もとはやはり、関敬吾氏や三谷邦明氏のおっしゃるような十三歳ぐらいの、思春期の女の子のための話だったのではないかなと考えます。子どもと大人の間にいるそういう時期の女の子は、中沢新一氏の「仲介者」という発想ではありませんが、境界的存在ですよね。藤井貞和氏がおっしゃるように、シャーマン的でもあるわけです。子どもでもないし大人でもない。本人はまだ自覚してないんだけれども、体は大人になろうとしている。結婚の準備をしている。そして、周囲の人は「お前は結婚できる年齢だ。お前は結婚できる体だ」というふうに言う。そういう非常に複雑な状況にいる女の子は、ものすごく仲介的な、境界にいる不安定な存在だという感じがします。だから女の子にとっては、これから大人になるために継子譚というものがある。あるいは村落共同体側からすると、女の子を無事大人にするための話ということにもなる。

しかし、それならばなぜ継母と継子の話になるのかということになりますが、女の子にとって大人になるために乗り越えなければならないのが、まず第一に「親との関係」だからではないでしょうか。

私なども経験があるのですが、特に女の子と母親との関係というのは非常に微妙なものがあります。河合隼雄氏も言っておられますが、ちょうど思春期の頃の女の子は、いわゆる反抗期という感じで、親との関係がいちばんうまくいかない。それは自分の側が変化しているわけです、女の子からすると。自分が暗闇の中にいるような状況になっているので、親が同じようにしていても腹が立ったり疎ましくなったりするわけです。それはまさに自立の兆しということかも知れません。多くの女性には、母親は自分をわかってくれないとか、自分は本当はお母さんの子どもと違うのではないか、などと思う時期がありますね。それは実は大事な心理なのではないでしょうか。そういう、ある年頃になると、親と一歩距離を置くという心理は、女の子が、無意識的に、自分が大人の女性になるためには母親を乗り越えなければならないと感じているからではないかと思うのです。そして、そういう思いに寄り添うように継子譚のストーリーが形作られている感じがします。

「米福粟福」から、少女と母親のこと

「米福粟福」では、主人公は、母親が自分にだけ仕事を押し付ける、自分だけ綺麗な着物を買ってもらえない、芝居や祭りに連れて行ってくれないと思う。こういうのはよくありますよ。自分だけいろいろさせられるとか、いつも私はお古や―とか。そういうふうな思いです。けれど主人公は継母を恨みつつも、周りから援助を受けながら、自分は自分でやってやるわ―と思うのです。

さっき紹介した「糠福とベンダラ」は、継子がだんだん強くなっていく心理がうまく描かれています。このお話はすごいなと思います。最後が「皿々山」型になるのが少し気にはなったのですが、その継子の心理の変化を描いているところが面白いというか、大好きで、この話を選んでみたのです。読んでいくと継子の心の声がだんだん強くなっていることがわかります。継子が確実に成長している。「米福粟福」の話では同じように、継子がいじめられる中でだんだん成長していっているというのを感じさせる語りが結構あって、興味深いところです。だから、継母によるいじめの話というより、先程紹介したベッテルハイムの説にもありますが、これは継子の、つまり女の子の成長の話なんだというふうに考えますと、思春期の年代の少女にとっては非常に必要な話なのではないでしょうか。

また、主人公の継子は、話の中盤までとても孤独です。それはやはり思春期の少女の思いと重なります。思春期の心は実は孤独なのです。友だちがいてもお母さんがいても、姉妹がいても、私だけは何か違うことを思っている、違う気持ちを持っている――と思う。それは、境界にいる者の孤独でもあるでしょう。そういう思春期の孤独な心が、この話をある意味求めているのではないだろうか、それも、継子譚が古くから人気のある理由のひとつではないかなと私は思っています。

「姥皮」から、少女と父親のこと

次に「姥皮」の話で、「姥皮」が「蛇聟入」に続く話が多いということについてです。「姥皮」の話は一割ほどが継子いじめから始まると言いましたが、他の話に較べますと、継子と継母との葛藤がほとんどないのです。先程の例話でもありましたが、継母と言いましても、ほとんどいじめなんかしていない。ただ、継子が勝手に出て行く感じで描かれています。追い出す場合も、軽く追い出す感じがするのです。

そして、多くの「姥皮」の前半は「蛇聟入」でした。「蛇聟入〔水乞型・蛙報恩型〕」の冒頭はご存じの方も多いと思いますが、三人娘の中で、末っ子だけがお父さんの願いを聞いて蛇のところへ嫁に行きます。一番父親思いの末っ子がお父さんのために嫁に行く。つまり、家を出ていきます。これは何かと似ていると思いませんか。「蘭草《いぐさ》の頭巾」や「リア王」の話も、末っ子が本当はお父さんを一番好きなのに、お父さんに追い出されますね。視点を変えると、「蛇聟入」の末っ子は「千枚皮」や「藺草の頭巾」と同じ立場の女の子ではないか。ということから、「姥皮」は、実は少女と父親の関係を語る話ではないかというふうに思います。とにかく、母親の影が薄いのです。継母がいるのに継母の影も薄い。そして最後に、「姥皮」の話では、約二割ほどの話がお父さんと再会するのです。他の継子話では「お銀小銀」「継子と鳥」「継子と笛」以外お父さんの影が極端に薄いですから、「姥皮」の伝承で二割ではありますが、父親と最後に再会するという話が報告されているのは非常に注目すべきことではないかと思います。

室町時代の物語草子の『うはかは』・『はな世の姫』や『鉢かづき』も父と再会します。そこで、この「姥皮」の話は、思春期の少女にとって父親というのは一度離れなければならない存在である、そして、老婆に変身して、いわゆる通過儀礼に見られる籠りの時期を体験し、本当に成長してちゃんと結婚できた時、改めて父とまた会うことが出来るということ、少女と父親との非常に微妙な関係、そういうものを表した話ではないかと感じているところです。

このことについてはもう少しいろんな資料を集めないと、特に韓国や中国の「蛇聟入」の話に後日談としてシンデレラ・タイプの話に続くものがあったりしますのでたいへん興味深いのですが、それも含め丁寧に調査を進めないと、結論めいたことはまだ言えません。ただ、予測として、「蛇聟入」の〈水乞型〉と「姥皮」型の話が繋がったのは、偶然ではなくて、やはり何らかの必然性があったのではないかというふうに思っています。

おわりに

最後に一言ですが、少女漫画やジブリのアニメなどには継子譚と非常によく似た構成を持つものがあります。女の子が物語の最初では、何か欠けている、あるいは孤独な状態でいる。けれど、苦労をして苦難の経験をして、それはアニメではたいていい非常にバーチャルな経験であったりしますが、そういうところでもやはり援助者が現れて、いろんな経験をする中で成長する。ご存じのように宮崎アニメには女の子の成長の話が多いですし、それは、先に述べた三段構成で言えばまさに継子譚と同じだと思います。私は子どもの頃から少女漫画が好きでよく読みますが、少女漫画にも継子譚に近いような構成を持つものがけっこうあります
そして、今まで話をしたことからしますと、ジブリのアニメや少女漫画は、現代の少女たちにとって、かつての継子ものの物語草子や昔話と同様の役割を果たしているように思えます。そこで、もっと女の子たちに様々な継子譚を知らせたい、少女たちに、日本の昔話の中にはこんなに女の子の気持ちを汲み上げる話があるんだよということを

もっと知ってほしいなあと思っています。皆さんの中でも、語りの活動などをされている方は、ぜひ今後その語りのレパートリーの中に入れていただきたいなと思います。

〔参考文献〕

関敬吾『日本昔話大成　第五巻』（角川書店、一九七八年）
関敬吾「婚姻譚としての住吉物語―物語文学と昔話―」（『日本文学研究資料叢書　日本の古典と口承文芸』有精堂出版、一九八三年）
山室静『世界のシンデレラ物語』（新潮社、一九七九年）
中沢新一『人類最古の哲学』（講談社、二〇〇二年）
黄地百合子『御伽草子と昔話　日本の継子話の深層』（三弥井書店、二〇〇五年）

笑話

「愚か村話」の語られた時代

——「雲洞谷話《うとだに》」「在原話《ありはら》」「下田原話《しもたろう》」を中心に——

松本孝三

はじめに

本日は「愚か村話」についてお話をいたします。愚か村などと言うと、現代社会においてこんなもの言いが通用するのかという思いもいたします。しかしながら、笑話としての「愚か村話」という民間説話が確かに存在し、さかんに語られていた時代があったという事実を否定することはできません。そのことを踏まえて「愚か村話」の特質について考えてみたいと思います。

ところで、先日BSプレミアムの「にっぽん縦断　こころ旅」を見ていましたら、俳優の火野正平さんがスタッフの人たちと自転車で四国の愛媛県西条市を走っていました。到着した先はかつての周桑《しゅうそう》郡丹原町古田《こた》にある西山興隆寺。お寺の裏の小高い山から東の方を眺めると、眼下に広がる平野の向こうに東予《とうよ》港と燧灘《ひうちなだ》が一望でき、そこで視聴者からのお便りを読んでいました。それは、あるご夫婦が三十年ほど前に当時四歳の娘の手を引いてここに登った時の思い出で、娘さんがそこからの風景を見て突然、「これ、全部日本?!」と言ったので夫婦で大笑いをしたというのです。今は幸せな家庭を築いているというお子さんの、幼い頃のエピソードとして大変微笑ましいものでした。

ところが、これがもし大《だい》の大人だったらどうでしょう。山奥から二人の男が初めて峠を越えてやって来て眼前に広がる人里の大きさに驚き、思わず「日本は広いなあ」と言うと、連れの男が「アホ言え、日本はこんなもんやない。この倍はある」と言って自分たちの無知をさらけ出し、笑いの対象とされる。しかもそんな愚かな者たちの住む村や地域までが具体的に想定されるとなるとコトはそう穏やかではありません。しかしながら、これが「愚か村話」のかたちなのです。

一　不当なる呼称・言辞

「愚か村話」の存在はすでに戦前からの昔話調査を通して知られていました。柳田國男の『日本昔話名彙』と関敬吾の『日本昔話集成』『同大成』にそれらが集大成され、いわゆる物知らず・世間知らず・思い違い・真似損ないなどによる愚行が「笑話」の中の「愚か村話」として話型別に分類されています。そこには、町の者や少しは開けた土地の者たちが、自分たちより田舎と見做した特定の地域の人たちを笑いものにするといったかたちが見られます。では、全国に一体どれだけの「愚か村」とされた地域があるのかというと、最近の飯倉義之氏のご論考によると、北海道と沖縄県を除いて全国で約百二十カ所余にものぼるとのことです（「愚か村話の〈話群型〉―〈話型〉研究を活かすために―」野村純一編『伝承文学研究の方法』）。各都府県に二つや三つはあるという勘定です。ちょっと驚きですね。

地理的なイメージと不当なる呼称・言辞

では、かつていわゆる「愚か村話」の伝承されていた地域が、その周辺の人たちからどのように見られ、どのような扱いを受けていたのかを昔話資料の中から少し掲げてみることにいたします。まず、地理的な状況から見て行きましょう。

㋑岩手県の須川温泉さ行く途中に、瑞山《みずやま》って所《どこ》があってね、そごは山奥でね、そっからどごさも出だごどのねえ炭焼き男がいだど。（『陸前の昔話』「愚か村話」）

㋺昔あの、秋山というと、ずっと山の奥で、あんまり人と交際もしなかったから、お嫁さんを飯山のほうからもらったんだって。（『信濃の昔話』「秋山話〈首かけそば〉」）

㋩阿木ちゅうとこは本当の山ん中で、「ここは日本。日本ちゅう所は広いなあ」せったげな。（『美濃の昔話』「ここは日本」）

㋥いつ頃の事か知らんが、野間のどん奥から親子づれが峰山の町へ遊びに来た。（『日本昔話通観』第十四巻「東京は三倍」）

㋭黒谷ちゅうとこは、昔は不便なとこでもあったんだし、黒谷のあほうのように、まあ言いよったんですなあ。（『丹波和知の昔話』「おろし大根」）

㋬なんと、昔のある所に、今でこそ、開化いなって立派な村になっとるけえど、昔ゃあ佐治谷《しゃじだに》いうたら、どえらい山間僻地で、（『蒜山盆地の昔話』「牛の尻に札」）

㋣昔のう、越原《おっぱら》と言う所は、ずーっと森脇のずーっと終点じゃけえ、山ん中で人らの行く所じゃないよの。そいで、あちこち出るじゃないし山奥で、何でも分かりませんがあ。（『日本昔話通観』第二十巻「首巻きそうめん」）

これらを見ると、山奥とか大変不便なところといったイメージが強いようです。しかもそれは、きわめて類型的なイメージとして形作られていたようです。次に、そのことから起こる不当なる呼称や見下した言辞の例をいくつか掲げてみることにします。

(a)島が海の中へ流れてくるものか、増間の馬鹿が見つけた増間島か。（『昔話―研究と資料―』第六号「安房の増間の話」）

(b)池代の連中は、その通りにやれっていうもんだから、芋の煮ころを廊下にこそかいてやった。その位ひらけない所だって言うですね。（『伊豆昔話集』「芋ころがし」）

(c)大沢《おおそ》里山家《りやまが》の馬鹿息子が、初めて伊勢参りに行くだって。（『伊豆昔話集』「旅学問」）

(d)西山の山猿がおかしい。（『信州小川村の昔話』「西山者の栄螺《さざえ》知らず」）

(e)黒谷のあほうは、ここら辺でも、「人の真似ばっかするもんは黒谷のあほうで芋こかしをする」ちゅうことをねえ言って、（『丹波地方昔話集』「黒谷もんの話」）

(f)なんと佐治谷いう所にゃ、いよいよだらばっかりできる所じゃって。佐治谷のだらず言って、ほんにだらばっかりできるとこやが。（『鳥取・日野地方昔話集』「聟の挨拶」）

その他にも「日光栗山の馬鹿聟さん」「西山の馬鹿坊主」「仁多猿」「山代の馬鹿」「野間の馬鹿者」「北山のふうけ者」「倉谷の馬鹿者」「倉谷のふうけ者」などといった言い方が報告されています。これらをみるともう大変な偏見です。しかも、それが全国に及んでいるのです。私が訪れたいくつかの地域でも、確かに辺鄙な山奥で交通の便も悪く、他の地域との接触もごくまれな土地とされている場合が多いのですが、その一方で、生業の関係から早くより都市部との経済的関わりを持つことも多く、また平家の落人を称する所もありました。しかし、そのことがある特定地域への偏見にもつながっている。もとよりそれらが不当であることは言を俟《ま》ちません。私たちは、このような意識がつい最近まで社会通念として存在していたということに、まずは自戒の念を持つことが必要でしょう。

二　雲洞谷《うとだに》・在原《ありはら》の地勢と「愚か村話」の特徴

さて、サブタイトルにも示しましたように、滋賀県には「愚か村話」として「雲洞谷話《うとだにばなし》」と「在原話《ありはらばなし》」が伝わっています。雲洞谷は琵琶湖の西部に位置し、旧高島郡朽木村《くつき》の大字《おおあざ》です。また在原は琵琶湖北西部の同じ高島郡マキノ町の大字で、ともに現在は平成の大合併で高島市になっています。地勢的にはいずれも福井県の若狭地方と境を接する深い山並みの中にあり、冬は相当の積雪もありますが、決して山奥の孤立した地域だったのではありません。若狭地方との交流も強く、近代社会に入ってもまだ日本海側の若狭に鉄道が通っていなかった大正時代中頃まで、長らくそこに暮らす人々にとっては、県境の標高八百メートルを超す峠道は、京都や日本の各地を結ぶ大変重要な交通路でした。ただ、雲洞谷も在原も、その主要な峠越えのルートからは大きく外れて位置しているところに共通点がありました。

雲洞谷について見れば、福井県の小浜市や遠敷郡名田庄村《おにゅう》（現、大飯郡《おおい》おおい町）方面から滋賀県境に近い上根来《かみねごり》に至ると、小入峠《おにゅう》を越えて針畑川《はりはた》沿いに近江へ出る峠道と、少し北の木地山《きじやま》峠を越えて麻生川沿いに近江の方へ出る峠

遠敷川《おにゅうがわ》に沿った根来坂越《ねごりざかご》えの壁面に大書された文字と絵（平成12年３月撮影）。現在はほとんど消えかけている。

福井と滋賀の県境近くにある栗柄関所跡の碑。（平成13年４月撮影）。

道があり、その昔は、どちらも小浜から近江・京都などへ出る最短コースとして多くの人と物資が往来していました。上根来に近い街道の壁面に「京は遠ても十八里、鯖街道」と大書され、鯖の絵が描かれているのを見ましたが、ここもかつての鯖街道だったのです。その雲洞谷は、これら二つの峠道に挟まれた地域にありながら、山を幾重にも隔て、幾つかの字《あざ》が北川という川沿いに点在する山間に位置しており、その地理的な状況がどうも「愚か村話」を引き寄せる要因にもなっていたようです。

また、湖北の在原は、福井県の若狭地方東端の三方《みかた》郡美浜町の新庄《しんじょ》を通り、粟柄峠《あわがら》という、これも八百メートルを超える険しい峠を越えて、近江のマキノ町まで下りて来るルートがあるのですが、在原はそこから北東へ山と谷を隔てたところにあります。この粟柄峠もかつては多くの人と物資が行き来しており、現在はもう通行できませんが、藩政時代にはここに関所が設けられ、「入鉄砲出女」の取り締まりなどがなされていたと伝えています。さらにその東方にはマキノ町と福井県敦賀市を南北に結ぶ街道があり、在原はその両街道に挟まれた山懐に位置しているのです。そして、そのことがまた「愚か村話」をこの地に引き寄せてきた要因にもなっていたようです。

「雲洞谷話」

まず「雲洞谷話」から見て行くことにしましょう。昭和五十二年刊の『朽木村昔話記録』には四話の「雲洞谷話」が掲載されています。これは当時の京都精華短期大学美術科におられた丸谷彰氏（現、京都精華大学教授）と学生さんたちが、絵本のデザインを考える一環として湖西の朽木村地方で行った昔話調査の報告書です。内容を見ると「愚か村話」に限らず、北陸地方の昔話伝承を考える上でも貴重な話がたくさん報告されており、その意味でも大変興味深い資料集といえます。その中から「雲洞谷《うとだに》の伊勢講」という話を紹介しましょう。

長太夫ちゅう人が、まぁこんな山奥の人ばっかり連れて行くんで。その長太夫ちゅう人は都会になれてるし、他の人はわからんし、

「宿屋に泊ったりするときには、どういう作法でやったらええんだ」ちゅうこと、聞いたらしい。

「ほなもん何でもないっちゃ。吾や知っとるから、吾のするようにしとったらええんじゃ」言うて、長太夫ちゅう人が言うたらしい。ほしたら、雲洞谷《うとだに》の人はみな、

「そうだ、そんなら、長太夫の真似をしたらそんでええにゃ」て、言うて、宿屋に着いて。してまぁ、お風呂からあがって、ならんでご飯食べるとき、

「頂戴《ちょうだい》します」言うたらしいですわ、一番最初に。ほしたら、こりゃ名前言わんならんのかいなぁ思て、イワダちゅう人が、

「イワダします」。また、次の人が、「ロクザします」。

してから、長太夫ちゅう人は、その、お碗のお芋《いも》をちょっとはそんで《はさんで》したら、箸《はし》がすべってポンポロポーンと落ちたらしいわ。ほしたら、その真似せんならんて、はじめいうてあるもんやから、ふたをわざわざ取ってして、ポンポンとわざとほったりして。ほしたら長太夫、

「そんなことしたらあかんねん」言うて、チョンチョンと隣の人の膝《ひざ》をこうやったらしい。ほしたら、次の人も、それも同《おんな》じようにチョンチョンとこうやり、また、次の人もチョンとやったらしい。もう、おかして。長太夫ちゅう人は、みんなにやんや言うとこまでいかで、ほうて《はって》出たらしい。ほしたら、みんなも同《おんな》しように、ずとず

とほうて出たって。

（語り手　小入谷《おにゅうだに》・山本覚雄　明治四十一年生まれ）

これは伊勢参りに話材を採ったもので、長太夫という人が先導役になり、雲洞谷の衆を連れて伊勢参りに出掛けた道中での真似損ないの失敗談です。別の方の語ったものでは長太夫は「チョウダイ」と発音しており、大きな地主で毎年伊勢参りをした人とされています。その長太夫《ちょうだい》が、これまで村から出たことがなく不安顔の面々に、自分のすることを真似すれば大丈夫と教える。そこでまず、宿屋で食事をする時に「頂戴《ちょうだい》します」と言うと、長太夫が名前を名乗ったものと勘違いして、次々と自分の名前を名乗ります。続いてお椀の芋を箸で挟もうとしてうっかり転がすと、これも作法と思って次々と芋を転がす。それを見た長太夫が注意するつもりで隣の者の膝を突《つつ》くと、これも次々と隣の者を突《つつ》いてゆく。呆れてその場から這って逃れ出ようとすると、何と雲洞谷の衆も同じように這って出て来たというのです。

まことにばかばかしい内容で、それらはいずれも「真似損ない」や「芋転がし」などの話型で全国的に伝わる「愚か村話」の一つに過ぎません。こんな、いわばオリジナル性のない、きわめて類型的な笑話を以って山深い朽木村の中の大字である雲洞谷が「愚か村」に仕立てられているというわけです。近隣の平野部に住む人たちは朽木方面の人たちのことを「オクノモノ（奥の者）」と言ったりもしていたそうです（『高島郡朽木村能家民俗資料調査概報』、昭和四十四年刊）。そのような、周辺の人々の見下した意識がこのような昔話を雲洞谷に引き寄せて行ったのだろうと思います。

その昔、伊勢参りというのは多くの日本人にとって外界と接触できる恰好の機会だったようで、若狭などからも多くの人がさかんに峠を越えて伊勢参宮に出掛けたということです。初めて町なかへ出る者たちにとってはすべてが緊張の連続だったでしょうし、挨拶の仕方や食事作法を知らないために生起する失敗もさぞ多かったことでしょう。それはまた、雲洞谷の近隣に暮らす人々や、峠道を往来する人々みずからの体験でもあったと思われます。だからこそ、この地ではこうした伊勢参りの失敗が、敢えて山の向こうにあるという雲洞谷にこと寄せて語られていたのではないでしょうか。本書に掲載されている他の三話もやはり伊勢参りでの失敗談です。

「在原話」

一方「在原話」の場合はどうでしょう。在原は平安時代の在原業平とのゆかりを伝え、村内を竜田川が流れ、業平の墓と称する石塔や菩提寺と伝える歌学山正法院（浄土宗）というお寺も存在しますが、もちろん伝承に過ぎません。昔話資料としては、私の先輩である田中文雅氏（元、就実大学教授）を中心に、在原の東に接する伊香郡西浅井町（現、長浜市）で行った昔話調査をまとめた『西浅井むかし話』（昭和五十五年刊）があり、その中に十話の「在原話」が掲載されています。話型としては「長頭《ちょうず》を回せ」「床をとれ」「飛び込み蚊帳」「芋転がし」「引っ張り屏風」「数の子知らず」といったものです。その中でまず「在原話〈長頭を回せ〉」という話を紹介しましょう。


朝になったら「ちょうずを回せ」ということや。「ちょうず、ちょうず」てどういうことや分からんで、まあその時分は何でも御寮《ごりょう》さん、よう知ってはるさかい、寺へ行って一ぺん聞いてこう。

「ちょうずを回せて、そりゃ何んやな」

「ちょう、ちょう言《ちゅ》うのは長い言《ちゅ》う字、ずは頭や。長い頭の人を連れてきて、殿さんの前で回しゃええのやないか」と言うような話で、村で一番長そうな頭の人を呼んできて、殿さんの前へ行って、くるくるくるその人を回さはったんやそうな。

「何をしてるんやお前、ちょうずを回せってことは顔洗う準備をせえ言《ちゅ》うことや」

「そうですか」言うことで、その時分は歯みがきでなしにお塩で口を清めたらしいので水を持ってき、それからまた、手洗いを持ってきてその準備をしたんやそうですな。


（語り手　西浅井町月出・建部清　明治三十九年生まれ）

この話は「愚か村話」の中でも最もポピュラーなものの一つで、村に殿様がやって来て、朝起きて顔を洗うのに「手水を回せ」と言う。それを長頭と勘違いした在原の村人が、村の中で一番長い頭の人を連れて来て殿様の前でくるくる回したというもの。辺鄙な山村に殿様がやって来るというのもちょっと妙な趣向ですが、これは町なかで暮らす文化的人間の代表格といったところなのでしょう。「在原話」としてはこのような〈殿様と村人〉の形態のものが三話、〈商人《あきんど》と村人〉の形態のものが一話、ほかに伊勢参りでの話が二話、村内でのものが四話となっています。その中で、〈商人と村人〉が登場するものを次に示してみましょう。「在原話〈飛び込み蚊帳〉」という話です。


在原という村にな、あまり蚊《かあ》がたくさんいるもんで、この蚊《かあ》をどうして退治しよかて言うて、まあ村の人が寄ったんどすやて。ほいとそこへなあ、蚊帳を売りに商人《あきんど》が来はって、

「これを吊《つ》って寝ると蚊《かあ》に食われん」て言うて見せはったら、

「よっしゃ、そんなら買おう」と言うて、

「ほれを買《こ》うて精一杯大きなの買わんと村中がはいれんさかい」て言うて、もう精一杯大きなの買うて、ほいてこう吊ったんどすんやて。吊るは吊るけんど、どうしたら蚊《かあ》に食われんのかなて。どしてもほれが、わからんのどすんやて。ほいたらそのうちに賢い人がなあ、

「この中はいると蚊《かぁ》に食われれんそうなて。ほんなら、みんな入ろまいか」て言うて、みんなが一人ずつ飛び込んだんどすってや。

（語り手　西浅井町山門・西尾よし　明治三十三年生まれ）

これは、蚊に食われるので困っていた在原の人たちが、町からやって来た商人《あきんど》から、村人みんなが一度に入って使えるように目一杯大きな蚊帳を買ったけれども、そもそも蚊帳の吊り方を知らず、思案の挙句に逆さまに吊って、上から次々と蚊帳の中へ飛び込んだという話です。これも全国にいくらも話例のあるものです。

このように、当地方では殿様や商人のように、外部から村に入り込んで来た人たちによる見聞といったかたちの「愚か村話」が目に付きます。辺鄙な山奥に暮らす人々の様子が、町の者の目には余程無知で奇異なものに映ったということなのかも知れません。そんな彼らが「在原話」としてこういう話を面白おかしく外の世界へ伝えて行ったのです。西浅井町の語り手たちも、在原については「雪深く交通の便の悪い、遠隔地の一山村」といった程度の認識しかないとのことでした。しかし、それが嵩じると「そこのお方は鈍言うか、開けなかったというんですな」（「在原話〈傘の入口〉」）といった言い方にまでなってくるのだといえます。それらの「愚か村話」はいずれも、やはり全国に広く伝承されている類型的なものが主になっています。要するに「愚か村話」というのは、町の者がそのような出来合いの話を、具体的な近隣の、ある特定の地域に結び付けて語っていたに過ぎないということが言えるわけです。

手取湖の湖底に沈む白山麓の集落。手前が下田原の方向、ずっと向こうに見える橋の辺りに深瀬があった。（昭和58年10月撮影）。

三　白山麓・下田原《しもたろう》の位置と「愚か村話」の特徴

今度は目を転じて、福井県北東部の越前地方と境を接する石川県白山麓地方の「下田原話《しもたろう》」に話を移しましょう。二七〇二メートルの霊峰白山の山懐に抱かれた地域です。手取川《てどり》という県下一の大河が白山麓から北に向かって深く渓谷を刻みながらやがて日本海に注いで行きますが、その水源である最南端に石川郡白峰村（現、白山市白峰）があります。そこは日本でも有数の豪雪地帯にもかかわらず、手取川流域を中心に百戸を超える字《あざ》白峰をはじめ桑島・風嵐《かざらし》などといった大集落を擁しており、天領であった白峰地域の自治・経済・文化の一大中心地の観がありました。しかし昭和五十年代、手取川を堰き止めてダムを建設したために多くの集落が水没し、移転を余儀なくされました。今から話題にする下《しも》田原《たろう》もそういった村の一つです。

白峰村周縁部での「下田原話」の伝承

その下田原《しもたろう》は、同じ白峰村の地内にありながら、手取川に沿った主要ルートから西に遠く山を隔てた、下田原川沿いの谷筋をさらに奥へ遡ったところにある、いわゆるどん詰まりの、最盛期でも十戸もない小さな集落でした。そこの村人たちはどこへ行くにも必ず、下田原川が三キロメートルほど下流で手取川に流れ込む地点に位置する、尾口村深瀬という集落を通らねばなりませんでした。そのため、例えば誰かがとのわんこと（取るに足らない、つまらないこと）を言うと「下田原の人みたいな」などと言われたり、人数が少なく踊りの輪が小さいので、大きく見せるために腰に六尺棒を差して踊るのを深瀬の子どもたちがからかって、「下田原《しもたろ》踊りは十三人でハシモト婆ぁに十六たん」などと唄ったものだといいます。この唄の意味はよくわかりませんが、小さな下田原を揶揄したものに違いありません。近世のことわざや慣用句を集めた『譬喩尽《たとへづくし》』の中に、咄の者・おどけ者と伝えられる藤六《とうろく》のことを童どもが「兀《はげ》山《やま》禿《はげ》藤六《とうろく》薯蕷《やまのいも》青《あを》海苔《のり》添《そえ》て十六文《もん》」と言っている例があり、その藤六が上方では愚か者の異名ともされていたようです（大島建彦氏『咄の伝承』）。こんな小馬鹿にしたような表現や、「十六たん」とか「十六文」の表現にこだわれば、やはりどこかで両者が符合してくるような気もいたします。いずれにせよ、そこに下田原の人を侮り見下したような視線があったのは事実でしょう。

まずは下田原周辺の尾口村深瀬で伝承される「下田原話〈蟹の褌〉」を、私どもの調査資料である『白山麓・手取川流域昔話集』（昭和五十五年刊）から引いてみましょう。

小松い本願寺参りに出た。ほったら宿屋でご馳走に蟹が出たそうや。こうばく蟹や。ほって、「蟹の褌はぁ、お膳の横に置いて下され」ちゅて、褌は横に置いて食べて下されっちゅて、女中が下がったそうな。そしたら、町へ来ると、飯を食うにも褌はずさんならんもんか思て、そして、嫌なこっちゃけど、まあ言うこっちゃさけ仕方がねえと思て、そいて、本当に褌はずしてお膳の横に置いて。ほいてえ、蟹をどうして食べるや知らんさけ食べれもせず、むしろとしてもむしっても食べれんし、そいてまあ、食べれもせずにご飯が済んだんやて。ほいて女中さんがお膳を下げに来て、

「これは何でござん」

「こりゃ、褌でございます」

「こりゃどうしゅる」

「あんた、さっき『褌はずいて食べさっしゃれ。お膳の横に置いて』って言わした」

「それは、蟹の褌をはずせて言うた。蟹の褌を取らにゃ食べれんさけ言うたがや」。ほして大笑いした。

しんねいもかんねいも鳥の糞。

（語り手　尾口村深瀬・河岸てる子　明治四十四年生まれ）

これもよく知られた話で、下田原の人が山奥から小松の町の檀那寺へお参りに行った折、宿で出された蟹の食べ方を知らず、自分の褌を外して食べたという失敗談として語られています。つい先ごろ日本海の蟹漁が解禁になりましたが、あの美味しい蟹も、初めて食べる人がいきなり「褌を外して食え」と言われたらさぞ困惑するでしょうね。

報恩講（ホンコさん）と僧侶の活動

ところで、この話の舞台は小松市のお寺への本願寺参りということでしたが、浄土真宗のさかんな白山麓地方では、

開祖である親鸞聖人の御忌日である十一月から十二月にかけて、各集落で盛大に報恩講（ホンコさん）が催されます。報恩講は当地方においては一年の内で最も重要な宗教行事であり、また、厳しい冬が訪れ大雪に閉ざされる直前のその頃が、ちょうど一年の仕事の締めくくりの時期とも重なっており、厳しい労働からようやく解放されて、束の間の寛ぎの時でもありました。恐らくはそうした時期の本願寺参りだったものと思われます。白山麓で語られる「愚か村話」には、そうした報恩講を舞台とするものが大変多いのです。その一例として、同じく深瀬の伝承から「下田原話〈長頭を回せ〉」という話を引いておきます。これは「在原話」で紹介したものと同話型です。

　むかし、下田原へ、吉野のご坊さまが来て、そして、朝ぎり起きて、そして、

「おい、手水を回せ、手水を回せ」って、そのご坊さまが言うたって。そしたところが、昔の衆は『手水を回せ』っちゅうことがどうしてもわからいで、そして、物知りの金五郎っちゅう家へ行って、

「さあ、わりゃ、ご坊さまが『ちょうずを回せ』って言うたが、何のこっちゃろ」って言うたら、

「そうや、ちょうは長いやし、ずは頭っちゅう字や。そりゃ、頭の長い者を回せっちゅこっちゃ」って。

「ほんならその、菊八ちゅう、そりゃ一番頭が長いさけ、お前行ってそこで回《もう》とれ」って。そして、ご坊さんの前へ行ってくるくる、その、回《もう》とった。そいたらご坊さんは、いくらたっても手水を持って来んもんで、

「おい、どうした」っちゅうたら、

「はい、ここに回《もう》とります」って、その菊八ちゅうたが言うたって。

（語り手　尾口村深瀬・河岸市松　明治三十五年生まれ）

この場合もやはり、手取川下流にある吉野谷村のご坊さまを下田原へ招いての報恩講が舞台になっています。恐ら

くはそういった場においてさかんに語られていたものなのでしょう。語り手である河岸市松さんは〈蟹の褌〉を語った河岸てる子さんとご夫婦です。お二人とも白山麓地方では大変すぐれた昔話の語り手で、何の屈託もなく楽しそうにいくつもこの手の笑い話を語ってくれるのでした。ただ、〈長頭を回せ〉の中で、話中に金五郎とか菊八といった固有名詞が出てくるところからは、単なる笑話としてと言うよりも、山奥の方の隣村である下田原に対して抱いていた、より現実的なかたちでの愚か村意識が窺えそうです。それでも市松さんは生前、「長頭」という言葉を知っているということは、下田原の人の賢さを表したものだろうと言っていました。「愚か村話」について、語り手たちが当該地の人々に対してそれなりのフォローをする姿勢もまた全国的に見られることなのでした。

さて、その報恩講では僧侶による仏事もさることながら、村人の寛ぎの場として実に様々な話が語られ、「愚か村話」などもよく語られていたようです。しかも、調査をする中でわかってきたことは、報恩講の主役である当の僧侶自身がこういった話の伝承者であり伝播者でもあったということなのです。白山麓地方で年に何度か定期的に行われるお講や、特に、年に一度の報恩講などといった宗教行事はその準備も大変でしたが、村人にとってはハレの時でもあり、労働も一段落して最も寛げる楽しみな時期でもありました。

その一方で、僧侶たちにとっては最も忙しい稼ぎ時でもあったようです。村内の真宗寺院や道場とされる場所はもちろん、各家々でも次々と報恩講が催され、近隣の村人たちを大勢招いて盛大な料理でもてなします。その時には地元白山麓の真宗寺院や小松などの平野部のお寺の僧侶はもちろんですが、遠く富山や能登や近江などからも多くのいわゆる客僧と呼ばれる説教僧たちが出稼ぎのようにして当地方に出入りし、報恩講の需要に応えていたということです（伊藤曙覧氏『越中射水の昔話』昭和四十六年刊）。このような説教僧というのはまた旅に生きる宗教者でもあり、彼らは行く先々で話すべく、たくさんの説教話や昔話や世間話などを持ち歩いていました。そうして、報恩講の営みの後の直会《なおらい》などにおいて、仕込んできた面白い話題を村人に提供するのです。坊さんだからといって何も抹香臭い話ばかりしていたのではありません。村人たちのほうもそれを楽しみに彼らの来訪を心待ちにしており、そんな中で人気のある笑話の一つとして、白山麓の人たちには身近な一小集落である下田原にこと寄せて「愚か村話」が語られていたというわけです。

四　白峰村内部における「下田原話」の伝承

報恩講を舞台とする話

ここまでは白峰村に隣接する周縁部での伝承例を見てきましたが、次に、大字である白峰村の内部において「下田原話」がどのように伝承されていたかを見ていきたいと思います。県内のすぐれた民俗研究者であった小倉学氏の『白山麓昔話集』（昭和四十九年刊）にはいくつもの「愚か村話」が報告されており、その多くに下田原者が登場してきます。その中で、まず字白峰の山下兵四郎さん（文久年間生まれ）とハツさん夫妻の語った「ひっぱり壁」という話を見てみましょう。

昔、下田原《しもたろ》のもんが島《しま》（桑島）の報恩講様《ほんこさま》によばれて行って、ゴイゲン（住職）様の部屋を見ると屏風《びょうぶ》っていうもんが立ててあったいって。

「なるほど、これは理屈《りくつ》な壁《かべ》かくしじゃわい。家《いえ》の坊様部屋《ぼんさまべや》の壁も余《あんま》れ結構《けっこ》にないじゃさかい、家の報恩講様の時《ほり》は、これを借っていって立てるとよいじゃ」ちゅうて見て行ったいとお。

そのうちに自分《あれ》が家の報恩講様になったいって。それから、あの壁かくしを借って来て立ちょと思て、島から借って来たいとお。それから立ててみょと思て、立ててみっちゃけっと、真直ぐに立てっちゃさかい、なんべん立ててみても倒《かや》って立っちょらんじゃって。下田原の村の衆らに聞いてみても、「しゃァなもな今見い初めじゃさかい、一向《いっこ》知らん」ちゅうて誰も知っちょるもなおらんじゃって。それで、島で見た時は誰もおらんのに立っちょったように思うが、それでも、誰か後《うしろ》から持っちょったいも知らず、まァ仕方がない、誰か頼んで両方から持っちょったように思うが、その日は二人が両方から引っぱって持っちょっちゃったいとお。それが半時《はんどき》や一時《ひととき》ではない、朝げり早よから晩げ寝時《ねどき》までもじゃさかい、ようよう困ってしもたいとお。そうして報恩講様がすんでから、

「あの島から借って来たひっぱり壁には、ようよう懲り懲りした」ちゅうて人に話しちょったいとお。

それでそうらいきり。

方言がきつくてちょっと内容がわかりにくいかも知れません。島とは字桑島の旧名です。下田原の男が、島の報恩講に呼ばれた時に見かけた屏風を、傷んだ壁の壁隠しと思い込み、今度、自分の家にゴイゲン（住職）様を招いて報恩講をする時にそれを借りて来て、ゴイゲン様の部屋に立てようとするが、立て方がわからない。そこでやむなく、朝早くから住職が寝るまで二人で屏風の両端を引っ張って持っていたというもので、「引っ張り壁には、ようよう懲り懲りした」というオチが付いています。これもまたよく知られている「引っ張り屏風」という話型で、桑島在住の酒井芳永氏にうかがうと、ひどい目にあったり難儀をした時に、「ゴイゲン様《さま》の引っ張り屏風にはよう弱った」とい

うような言い方をしたということでした。これと似たような言い方は、白峰村だけに限らず全国的にも広く見られる慣用的な表現でもあったようです。

ところで、この「引っ張り屏風」なども、恐らくはゴイゲン（住職）様自身が報恩講の後に村人たちに面白おかしく語っていたものだったのでしょう。そのような「場」の状況を彷彿させる話が、同じく山下兵四郎さんの語る「ゴイゲン様のしるとおり」の中にありました。ここではその梗概を示すことにします。

下田原の報恩講に初めてゴイゲン様が来たが、山家者《やまがもん》とて礼式を知らないので、村人は、今日はゴイゲン様のする通りにやろうと相談する。ゴイゲン様が部屋へ入ろうとして入口でうっかりつまずいて転ぶと、これが礼式と思った村人も一人一人同じように転ぶ。次にお勤めが済んで斎《とき》が始まると、ゴイゲン様が重箱の芋の子を箸で掴み損ね、コロコロッと畳の上へ転がしたのでみんなも同じように転がす。

やがて斎が済み、お説教も終わって、村人が囲炉裏端や火鉢のかたわらで世間話をしていると夜食が出てくる。その中に素麺があるので、ゴイゲン様は、またみんなが自分の真似をするに違いないと思い、わざと耳に掛けたり鼻の上に載せたりして食べると、案の定、村人も同じようにやったので、ゴイゲン様はひっくり返って大笑いした。（傍線は引用者）

これは「芋転がし」と「耳掛け素麺」のモチーフが連続しているので「愚か村話」にしては少し長いのですが、傍線を引いた部分からもわかるように、どうもそこには仏事を終えた直会《なおらい》の席で、ゴイゲン様みずからが、山家者《やまがもん》としての下田原者を虚仮《こけ》にして「愚か村話」の主役に仕立てていった様子が窺えるのです。恐らくゴイゲン様は、白山麓の各地域の報恩講に呼ばれた時などにも、仏事の後の炉辺での冬の夜話といったような寛いだ「場」で積極的にこういった話をしていたのでしょう。その他にも「長頭を回せ」「蝋燭知らず」といった話が当地方に伝承されています。

五　白山麓における「愚か村話」の二重構造―「白峰話」の可能性―

白峰者の京参りと冬稼《ふいすぎ》

ところで、白峰村にはこういった報恩講を中心とする「下田原話」の伝承とは今一つ異なる、いわば、当の白峰村それ自体のあり方を考える上で大変興味深い「愚か村話」も伝承されていたのです。その例として、これも山下兵四郎さんの語った「コトシャミセン」という話に注目してみたいと思います。この話の登場人物は白峰村の牛首《うしくび》（白峰）と風嵐《かざらし》の二人の男で、下田原者は出て来ません。牛首というのは字白峰の旧名です。これも長いので梗概で示すことにいたします。

牛首と風嵐の若者が、冬の暇な時期に京参りかたがた京の町で冬稼《ふいすぎ》をして来ようと相談する。雪の降り出す頃に二人は京に出かけ、まずは本山にお参りし、京の町を見物する。ある店の看板に「鏡商」とあって、「カカミショウ」とフリカナが付けてある。漢字を読めない二人はそれを「カカ（女房）ミ（見）ショウ」と解釈し、女の見世物だろうと思ったが、銭がないので来年見ることにする。それから冬稼《ふいすぎ》のため、宿の人に頼んで一人は風呂屋の三助、もう一人は八百屋の丁稚になって奉公することになったが、山出し者と皆に笑われたり、叱られたりしながら春まで奉公し、雪の解ける頃に白峰へ戻った。

次の年の雪の降る時節に二人はまた京へ奉公に出掛け、例の店を探すと、今度は「琴三味線指南《コトシャミセンシナン》」と書かれた看板が上がっている。それを「コトシャ、ミセン、シナン」と読み、商売をやめて今年は見せないが死なずにいるものと勘違いし、見せないのなら仕方がないと戻って行った。

これは、本願寺参りで京へ上った白峰村の牛首と風嵐の男が、漢字が読めないためにとんでもない意味の取り違えをしたというもので、話型としては『日本昔話大成』の「嬶見所《かかみどころ》」に該当する話です。ところがこの話をよく見ると、単なる笑話としてではなく、かつての白峰村の人々の置かれた厳しい状況が、かなりリアルに表現されているのではないかと思えるのです。それは「冬稼《ふいすぎ》」です。冬稼とは当地方で冬場の出稼ぎのことをいうのですが、二人の白峰者の、京の町での奉公の様子は次のように語られていました。

宿の人に頼んで、一人は風呂屋の三助、一人は八百屋の丁稚《でっち》になって奉公しちょったいとお。奉公してもない（ね）、二人なら山奥から出て来た山出しもんじゃさかい、皆に笑われたり叱られたりして春まで奉公しちょって、牛首も雪の消えた時分に牛首へもどったいとお。

これを見ると、これまで白山麓で見て来た「愚か村話」とはかなり様相が異なっていることに気付かされます。つまり、白峰村の地では、最も小さな字《あざ》である下田原をあんなに笑い者にして来た彼らが、京の町においては一転して山出し者として笑い者にされ、辛い奉公に耐えながら一冬を働き、ひたすら故郷の雪解けを待っているのです。

もう一例、字白峰の加藤勇京さん（明治二十九年生まれ）の「京参りの三人」という話の梗概を掲げてみましょう。この場合は牛首（白峰）の三人が京参りに出掛けます。

牛首の三人が京参りの途中泊まった宿で、朝起きて顔を洗う時、傍に塩がいっぱい置いてあるので、それを食べる物と心得、塩を舐め舐め水を飲むと腹がポンポンに膨れてしまい、朝飯を食べずに出て行った。女中が宿の主人に告げると、「それは可哀そうなことをした。田舎もんにちがいない」と言う。三人が次の宿に泊まるとまた塩が置いてあり、他の客が塩を指の先に付けて口をゆすいでいるので使い方がわかる。そこで、帰る時に最初の宿へ寄って、以前のは、自分たちがわざとふざけてやったことにしようと相談する。ところが宿の主人は、男たちが今度も出した物を食べ物と思うだろうからと女中に牡丹餅を出させた。すると、これは顔をこするものに違いないと、牡丹餅で顔をこすり、顔じゅう小豆やら餅だらけにして朝飯を食べた。女中は笑いをこらえ切れずに逃げ出し、主人は「可哀そうなことをした。田舎もんちゅうはどうもならんもんじゃ」と言った。

これは『日本昔話名彙』の「風呂場の餅」、『日本昔話大成』の「牡丹餅で洗面」に分類される話で、やはりここでも京参りの牛首（白峰）の三人が、町の人から何も知らない田舎者として、「どうもならんもんじゃ」と笑い者にされているのです。いわば、京都といった大都市が相手の場合には、白峰村それ自体が「白峰話」とでも言うべき「愚か村」に仕立てられていた可能性があると言えるわけです。

白峰村の置かれた立場

ところで、白峰村が「愚か村」とされる可能性についてはいくつか要因が考えられます。一つには、これまで見て来たように、地理的状況として白峰村が白山麓の大変山深い最奥地に位置しているということ。しかもそこは豪雪地帯として知られています。藩政時代の白山麓の風俗を記したものに、手取川を下った平野部の鶴来町出身の儒者である金子鶴村《かくそん》（有斐）の『白山遊覧図記』（天明五年〈一七八五〉）があり、そこには白山麓を訪れた印象として、

その風俗はすなはち太古のごとく、その気候はすなはち異域のごとし。その言や、その事や往々にして外国竹

枝の詞を読むがごときものあり。しかも、その境域はすなわち城市を去ること僅か一日の程のみ。何ぞその事の奇かつ異なる。これ記して伝へざるべからず。（原漢文）（『白峰村史』上巻）

と記されています。同じ加賀の金沢の御城下からわずか一日程度のところにありながら、その風俗・気風が「太古のごとく」とか「異域のごとし」などと、当時の知識人の白山麓に対して抱いていた奇異と偏見の念が相当誇張して書かれているのです。しかしながら、この時代の里の人々の抱く白峰の印象もまた、大かたこのようなものだったのではないかと思われます。

とにかく、冬場の長い降雪期をいかに過ごすかはこの地に生きる人々にとって最大の課題であり、京への「冬稼」はそのための一つの有効な生活手段だったわけです。ところが、そのことが都市の者たちの目には、とんでもない山奥から来た貧しい出稼ぎ者といった蔑みの目で見られることにもなる。白峰者の登場する「愚か村話」の背景にはそういった状況があったものと思われます。

商業経済と越前の勝山商人、勝山座頭

第二点として生業と商業活動の関わりがあります。白山麓地方では昔から主たる生業としてナギ畑（焼畑）が行われており、決して豊かな土地ではありませんでした。白山麓の「おおつえくずし」という民謡には、次のような文句が唄い込まれています。

十八ヶの名所名物　白山の山の大権現様　風嵐《かざらし》の泰澄大師の御作仏　牛首蚕飼に大蚕飼　島の名高い晒し布
下田原《しもたろ》鍬がら棒に　鴇《と》ヶ谷粟餅　深瀬の檜笠　釜谷ぼうけ　ドッコイ　五味島ごんぼに女原《おなばら》輪竹　瀬戸のいちよ

の木　荒谷はばけ　尾添《おぞ》一里野に　二口ゃ炭を焼いて暖かな

（『白峰村史』下巻「六、民謡」）

これは婚礼や家屋の新築、法要などの宴席で唄われていたものだそうですが、そこには旧白峰十八ヶ村の名所名物が織り込まれています。米作りのできない山間の土地での蚕糸や晒し布、鍬棒、檜笠、箒、脛巾《はばき》、木炭などといった様々な産物は、いわば生活の苦しさの裏返しであったとも言えますが、それらの物品の多くが加賀のみならず、南に境を接する越前の勝山商人の手を通して京阪神へも出荷されていたということです。現在の福井県勝山市とは藩政時代からかなり繋がりが強く、江戸初期には白峰が越前領であった時代もあったとのこと。恐らくはそうした越前の方から白山麓地方に出入りしていた商人たちの活動を通しても、相当山奥の僻地といった偏見を伴って、その代表格である白峰の存在が遠く京都をはじめとする他地域の人々に伝えられて行ったものと思われます。

また、『白山麓昔話集』の「解説」で臼田甚五郎氏は、白峰に笑話が豊富なのは勝山にいた勝山座頭に負うところがあるだろうと言っています。あるいは、越前からのそのような民間の宗教者の出入りなども、白峰の「愚か村話」の形成に加担していたのかも知れません。

民俗慣行としての「牛首乞食」―異郷からの来訪者―

ここにもう一つ、第三点として考えておくべき重要なことがありました。それは「牛首乞食《うしくびこじき》」と呼ばれるものです。雪深いこの地方における冬場の過ごし方には、先程の「冬稼《ふいすぎ》」（出稼ぎ）と今一つ、今日ではもちろん存在しませんが、かつて白山麓一帯のナギ畑地帯に見られた、冬期の民俗慣行としての物乞いがあったのです。

小倉学氏の『白山麓昔話集』「編者ノート」によれば、白山麓の生活困窮者は冬季に江州や大阪へ出稼ぎに行き、それもできない者は乞食に出て、雪解けを待って帰村したとあります。冬場の食糧不足を補うために十一月の下旬頃から十二月にかけて村を出て、春の彼岸を過ぎる頃まで長期にわたって平野部で物乞いをして過ごしたというのです。それはまた、白山麓における報恩講が一段落した後の時期とも重なります。彼らの行動範囲は越前から近江、京都にまで及んだといわれますが、こんなところにも「愚か村話」への要因の一つがあったと思われます。それらが白山麓一帯に見られる民俗慣行であったにもかかわらず、牛首（白峰）がその代名詞のようにされているのは、そこが白山麓でも最も大きく、世間に知られた地域であったということによるものなのでしょう。

「牛首乞食」の実態について、千葉徳爾・三枝幸裕氏のご論文「中部日本白山麓住民の季節的放浪慣行―牛首地区の事例を中心に―」（『国立民族学博物館研究報告』八巻二号、昭和五十八年）に詳細な研究がありますので、少し引用することにいたします。

福井近辺から武生盆地あたりで乞食をする場合には「包み」または「乞食袋」と呼ぶ一定の形の袋を持つ。そして戸口に立って必ず「牛首乞食でござる」と言う。また、家の者（多くは主婦）が出て来て、どこの者かと尋ねたならば、やはり牛首の出身である事を述べた。すると、多くは「そうか、牛首か、よう来た」とか「ほんにまあ、あんな山奥から」などといって、他の土地から来た乞食よりも多くの米をくれたり、飯を食べさせてくれたりして歓待してくれたものだという。

物乞いの際には、このように乞食袋などと呼ばれる一定の決まった形の袋を持ち、「牛首乞食」ときちんと名乗るのがしきたりだったようであり、越前あたりでは大体好意的であった様子が窺えます。しかしながら里人の印象としては、「ほんにまあ、あんな山奥から」といった程度のものなのでした。

ここにもう一つ、大正から昭和の頃の越前地方の市井の様子を活写した『木村松之助手記』というものがあります。現在の福井市南部の下細江に在住した木村松之助という人物の書き残した手記ですが、そこにも「牛首乞食」の様子が次のように記されていました。

また、牛首乞食と言うて、親子づれの乞食も、冬場雪降る中をゴザボーシをかぶって来た。雪の多い山間部落の女や子供の冬仕事に来たものだろう。太田の布村さん方の小屋を常宿にして、毎年来たらしい。そんな時代もあった。

（『日本民俗誌集成』第十二巻）

乞食行が冬仕事であると言っているのは大変正確な捉え方であろうと思われますが、ここに記されているケースが、母と子の親子連れであったということに驚きを禁じ得ません。乞食行は、実は主に女性たちが我が子の手を引いて冬の里の雪道を辿っていたといえるのでした。また、これをみると、毎年訪れる彼らを定宿のようにして迎え入れてくれた家の存在も確認できます。

そんな彼らに対して平野部の人たちはどのような意識を抱いていたのでしょうか。右の千葉・三枝氏の論文では次のように記しています。再度引用してみましょう。

少なくとも牛首乞食の末期まで、平坦部のムラ人たちの中には牛首を異郷と見るイメージがあった。したがって、そこから訪れる牛首乞食をも、一種の異郷人歓待に近い心持で待遇したのではなかろうか。（傍線は引用者）

そこには、「春のことぶれ」を担う異郷からの来訪者を迎える意識が窺えるというのでした。つまり、はるか遠い山奥からやって来た者に対する憐れみと蔑みの気持ちとともに、新しい年を祝福するいわゆる「ほがい（寿）びと」

として、その訪れを期待する意識があったというわけです。愚か村話としての「白峰話」が仕立てられてくる要因としては、こういったことなどが考えられるわけでした。

そこにはまず、〔京都⇔白峰村〕といった関係において「愚か村」の立場に立たされた白峰村の存在があったと考えられます。しかしその一方で、そのことを回避するために、村内で最も小規模で低位に置かれた下田原を、白山麓という狭い地域内の報恩講での語りを中心に、〔白峰村⇔下田原〕といった関係から「愚か村」に仕立て上げて行ったことが考えられるのです。そこからは、白山麓地方における「愚か村話」の二重構造ともいうべき様相が垣間見えて来るのではないかと思われます。

六　笑われる側の反骨精神―狡猾譚・頓知話の誕生―

これまで「愚か村話」の語られた地域について、その類型的な昔話のあり方と、その地域によってきわめて個別的な成立の状況を具体的に見て来ましたが、その背後には、単に笑話として済まされない厳しい伝承の実態が横たわっていると言えるわけでした。

しかしながら、そこには、いつも一方的に笑われる者たちの姿ばかりがあったわけではありません。白峰村には、そんな状況に対して反骨精神を発揮し、自分たちを笑ってきた都市部の人たちを、わざと無知を装って騙したり、頓知で逆に言い負かすといった話も伝えられていたのです。その一例として、白峰の山下ハツさんの語った「三人のテンポつき」という話を、内容を要約して掲げることにいたします。

昔、牛首と島と下田原の三人のテンポつきが京参りをした。その途中、三人でテンポ（大話）較べをする。牛首の男は、牛首には七里浜舐める大牛がいると言う。島の男は、島には通り天（切利天）に突き通る竹があると言う。下田原の男は、村も小さいし大きい物は何も無いと言いながら、差渡し三里の桶太鼓があり、それは島の通り天に突き出ている竹の先を貰って胴に掛け、牛首の大牛の舌《べろ》を少し貰って皮に張ったものだと言うので、牛首と島の二人は、下田原には叶わないと大笑いになった。

三人が京へ着き、町を見物していると仏具屋がある。下田原者が店に入って行って仏具のリンを手に、わざと「このオタ鉢（団子を作る木鉢）や何文じゃ」と問うと店の丁稚は可笑しがり、何も知らぬ山家者と思って出まかせに三文と答える。下田原者は三文を投げ渡し、リンを抱えて逃げる。丁稚が「ならん、ならん」と言って追い掛けると、リンをガァーンガァーンと叩きながら「なりますわいのう、なりますわいのう」と言って逃げて行った。そのリンが今も下田原のお寺に残っているという。

三人は今度は大阪へ遊びに行く。港に舟がたくさんあるので、「でかいことブネ（舟）があるやァ。ありゃ何ちゅうブネじゃろ」と言っていると、大阪の者に山家者は何も知らんと笑われる。そこで、町の者に舟の説明をさせると「大ブネ、小ブネ、千石ブネ、二千石ブネ」と言ったので、大阪の者が負けてしまった。

これは、牛首と島と下田原の三人のテンポつきの男が展開する話で、まず、白峰村の三人による「テンポ較べ」があり、牛首と島の男の大法螺話に対して、村が小さいからと謙遜していた下田原者がそれを凌ぐ大話をして二人に言い勝ちます。京に着くと、今度はその下田原者が無知を装って仏具屋の丁稚を手玉に取り、仏具のリンをわずか三文でせしめることに成功します。三人はさらに大阪まで出かけ、町の者に強引に「フネ」のことを「ブネ」と言わせてやり込めていきます。白峰村の三人にとっては、いつも自分たちを見下して笑い者にしていた京や大阪の人たちを狡智と頓知で逆に散々にやり込めるのですから、何度聞いても大変痛快な話だったでしょうし、特に下田原者にとっては、牛首や島はおろか京・大阪の者たちまで笑い飛ばしており、さぞ溜飲が下がるものだったろうと思います。白山麓には、こんな狡猾で頓知の利いた、吉四六や彦八のような人物の活躍する話も生まれて来つつあると言えるのでした。

他の地方の「愚か村話」においても、例えば「佐治谷《さじたに》話」や「越原《おっぱら》話」や「日当山《ひなたやま》話」などのように、その中からやがて頓知者や狡猾者を生み出してゆく例がいくらも見られます。彼らは笑われることを逆手に取って、強い立場の者に対する反骨精神を発揮し、そこに新たな夢を託して行ったといえるのです。

奥能登の「三右衛門《さんにょもん》話」とのかかわり

ところで、京の仏具屋でリンをせしめるという話は、実は奥能登地方において、珠洲の「引砂《ひきすな》の三右衛門《さんにょもん》話」としてよく知られていたものでした。大島廣志・常光徹氏編『三右衛門話―能登の昔話―』（昭和五十一年刊）に「ならぬ鐘」と題する話がありますので、それを要約して示すことにします。珠洲市正院町の角木喜一さん（明治四十二年生まれ）の語ったものです。

引砂《ひきすな》の三右衛門《さんにょもん》がみすぼらしい格好で京の仏具屋に行き、がいもん（磬子）を買う。店員に「この飯椀《ままわん》の大きいがぁあるがぁ。これが何文や」と値段を聞くと、馬鹿にして「お前といっしょで三文じゃ」と言う。三右衛門はさらに三つ四つ選び、他にも汁椀や煮染めにと言いながら「これで何文や」と言うと、「そんなもん、われ（お前）といっしょで三文じゃわ」と言う。「高い」と言うと、「そらそうやろ、三文でもお前買われんがやったら。

こんな安いがぁないわ」と言うのをいいことに、店先に三文を置き、がいもんを被って出てくる。店員が「ならん」と言いながら追い掛けると、ゴォーンと叩いて「なる、なる」と言って持ち帰った。それを珠洲の正院町の本住寺、引砂の浄福寺、粟津の琴江院へ配り、今でも残っているという。

これは、京の町で三右衛門がわざと愚か者を装って仏具の磬子をいくつも手に入れたというもので、実はこれも京の本山参りが話の舞台だったようです。また、先程の白峰の「三人のテンポつき」と同様、手に入れたがいもん（磬子）が地元のお寺に残っているとも言っています。この話は能登一円でも広く話されていたもののようで、私たちが能登半島西端の羽咋郡富来町《とぎ》（現、同郡志賀町）で行った昔話調査でも、同じ話が当地の頓知者で、おどけ者としても知られた千ノ浦又次《ちのうらまたじ》の〈京で買い物〉として伝わっており、やはりお寺にそれを寄付したと言っています（『能登富来町昔話集』昭和五十二年刊）。この千ノ浦又次は北前船の下っ端の船乗りであったとも伝えており、海上からのこういった話の伝播も考えられるところです。

この三右衛門は、発明《はつめえ》（利発）で巧者な笑話の主人公として奥能登地方では相当に人気を得ていたようで、右の昔話集には「三右衛門話」が例話だけでも二十二話掲載されており、その多くが、自分たちを笑い者にする京の町人たちを手玉に取った活躍を語っているのです。常光徹氏の解説によれば、この三右衛門という人物は実在したとも言われており、百姓であったとか、あるいは「おとしべ（酒造り出稼ぎ者）」であったと伝えられています。かつて、冬場になると毎年、奥能登から京都伏見の酒蔵などへ出稼ぎに行く人が多かったといいます。そんな彼らの姿がまた、京の人々からは軽侮の眼差しで見られていたようで、その状況は白山麓の場合と非常によく似ています。常光氏は、「京人の目には、奥能登の地そのものが愚か村的存在に映った時期が想定される」とも述べています（「三右衛門話考」

『昔話伝説研究』第五号）。三右衛門とは、恐らくはこうした奥能登に生きる人々の反骨精神の代弁者としての役割を担って造形された人物だったと言えるでしょう。その姿は「吉四六《きっちょむ》話」「彦八《ひこはち》話」などにも通じるものであったと思われます。

さて、常光氏が指摘する今一つの重要なことは、これらの笑話の伝承に客僧と言われる説教僧が大きく関わっていたという事実です。彼らは、二月の春説教・三月のお彼岸・五月の田上り・十一月から十二月の報恩講の頃に来て、寺に数日間泊まって説教をし、頃合いを見て笑話や世間話をしていたというのです。彼らの足跡は越中や加賀にも延びています。そういった宗教者によっても、能登一円でよく知られていた「三右衛門話」が白山麓へもたらされたものと思われます。その中で特に人気を博したのがこの「ならぬ鐘」だったのではないでしょうか。

その他にも、能登からは毎年、木羽《こば》剥《へ》ぎの一団が、親分と呼ばれる人を中心に白峰の山中に入り込み、長期間にわたって山仕事をしていたといい、寛いだ時には笑話や世間話が盛んにされていたとのことです。また、商人の活動や、北前船の船乗りなどの加賀の港への寄港も含め、様々なかたちでの能登と加賀の人々の交流がありました。恐らくはそのような人々の動きの中で、能登の「三右衛門話」が白山麓にもたらされた可能性があるのです。そして、それまで京の町の者に田舎者・山家者と見下され、蔑まされてきた人たちの劣等感を一気に逆転させる力を持った笑話として、特に「ならぬ鐘」といった話が白峰村の人たちの反骨魂に火を付けたのではないかと考えられるのです。

おわりに

「愚か村話」にはまだ考えなければならないことが多くあります。その一つは文献との関係です。昔話で聞かれる「愚か村話」ときわめて類似した内容のものが、実は江戸時代の初期から咄本や狂歌集などに数多く書き留められているのです。主なものだけでも『戯言養気集《ぎげんようきしゅう》』『醒睡笑《せいすいしょう》』『きのふはけふの物語』『万載《まんざい》狂歌集』『耳袋《みみぶくろ》』などといったものがあります。そこに記されている多くの「愚人譚」は、当時の知識人である文人や僧侶、狂歌師、俳諧師などといった人々によって面白おかしく語られもし、また書き留められ、やがて広く庶民の中へ浸透して行ったと思われます。しかしながら、種々の「愚人譚」に興じていた当時の人々の心の内面に、「笑い」に封じ込められたある種陰湿な「開けない心」「閉ざされた魂」のあったことは否めないように思います。そして、それはつい近年まで当たり前のように「愚か村話」を享受してきた私たちの心の内面にも深く繋がってくる問題であったように思うのです。私はこれまで、昔話調査をする中で、資料自体が語ることに耳を傾けるようにしてきました。それは取りも直さず、民俗社会に生きる人たちの生《なま》の声を聞くという営みでもありました。その意味でこれらの「愚か村話」もまた、私たちに何を語りかけているのか、もう一度虚心に耳を傾けてみなければと考えています。

〔参考文献〕
大島建彦『咄の伝承』（岩崎美術社、一九七〇年）
小倉学編『白山麓昔話集』（全国昔話資料集成4。岩崎美術社、一九七四年）

大島廣志・常光徹編『三右衛門話―能登の昔話―』（桜楓社、一九七六年）
野村純一『昔話伝承の研究』（同朋舎出版、一九八四年）
稲田浩二『昔話の時代』（筑摩書房、一九八五年）
福田晃編『民間説話―日本の伝承世界―』（世界思想社、一九八九年）
松本孝三『民間説話〈伝承〉の研究』（三弥井書店、二〇〇七年）

「和尚と小僧」譚の源流

小林幸夫

はじめに

小林幸夫と申します。私は「愚か村話」の反対にある、利口者・頓知の利いた話についてお話しようと思います。「和尚と小僧」というのは、どちらかというと、話の中心は和尚さんではなくて小僧のほうにあるのですね。つまり、和尚さんをへこませてしまう小賢しい小僧の話です。この講座はその意味ではよく考えてありますね。ちゃんと対《つい》になっている。愚かさと小賢しさ。これは元々一対なのです。そう考えてもらえばよろしいでしょう。

昔話の世界では、例えば大分県の吉四六《きっちょむ》さん。これなどは愚かだけど賢い。賢いけど愚かです。言ってみれば、一人の人物の中にそういう二面性を持っているのが吉四六さんでしょう。だから面白い。一面だけじゃない、両面あるから面白いのです。昔話の世界はまさにそういう魅力を持っているというふうに考えたらよろしいかなと思います。それは何も吉四六さんだけではない。「三年寝太郎」も、あのぐうたらの怠け者。古典の御伽草子の世界では「物くさ太郎」といいます。要するに昔話というのは、愚かであれ小賢しい話であれ、それは一対の話として全体が繫がっていますよということです。それが昔話の世界、口承文芸の世界の持っている魅力だというふうに考えてみたらいいだろうと思います。

昔話の世界というのは、その土地を歩く、実感の中で理解できて来る世界でもあるわけなのです。その土地の人々の中で培われた生活の中で育ってきたわけですから、当然、土地の習俗・習慣と密接に結びついている。こんなふうにして伝えられてきたものが昔話だとすれば、そこへ採集調査に行くということは当然大事なことです。フィールド・ワークということです。土地の人々、その育ってきた風土、これを実感することが昔話を知る上で大事なことなのです。ただ、私の場合はその反対で、ものぐさ太郎ですからあまり歩かない。結局、文献の世界を歩いています。

今日は「和尚と小僧」の話というのが私に与えられたテーマです。「和尚と小僧」と言えば当然皆さんの頭の中には誰が浮かびますか。一休さんですね。頓知小僧って誰やと言ったらそれは一休さんです。和尚さんをやり込めてしまう。小僧の一休の小賢しい知恵。しかしそれは実在する一休とはまた違います。違うけれども、虚像だと言ってしまうこともできない。一休さんの頓知小僧の来歴を話すと二時間あっても足りません。そこで今日は、そういう一休の頓知話だって、こういう和尚と小僧さんの長い歴史の中の一コマなんだということで、そのつもりで聞いて下さい。「和尚と小僧」の話を、時代を遡って行くということです。つまり、そこから何が見えてくるか。昔むかしへ遡ると、この「和尚と小僧」譚の性格のどういうところが見えてくるかということが一点。それから、そういうふうに遡って行くことによって、こういう話を持ち伝えた人たちがどういう人たちであったかということ。そのことが二点目。それはまた、先程の松本さんの話にあった牛首乞食（ホイト）譚の世界とも結びついていると考えてもらえばよろしいでしょう。

一　とんち小僧

餅連歌

「和尚と小僧」譚の中でも今日取り上げるのは「餅連歌」の話です。こういう笑話もまた長い歴史を持っている。ただ、長いだけではなくて日本の大事な韻文、つまり和歌や連歌の歴史と密接に結びついている。笑話だから俗だ、だから和歌や連歌と関係ないということではないのです。雅《みやび》なるものと俗《ぞく》なるもの。これもまた一体なのです。愚かなるものと賢しいもの、これは一体ですよと先程も言いましたね。和歌・連歌の世界、いわば雅なる文学の世界と口承文芸の笑話の世界は密接に結びついて、遠い昔から日本人はそれを喜んで語り伝えて来たのです。そういう口承文芸の歴史の一端を、この「和尚と小僧」譚を読みながら考えて行こうというのが今日の話の目的です。

まず資料を読んでみます。とんち小僧の話、つまり賢しい智恵で和尚さんをへこます弟子の話です。そういう話はいくらもありますが、『近江の昔話』の中の「餅連歌」と題された話です。

和尚さんがなあし、隣りへお経あげに行ってござる留守の間に、お隣りのおぼや餅（ぼた餅）一つ小僧がもろたんどすねて。そいてまあ、さっそく仏さんにあげに行ってなあし、ほいて、ねっから（さっぱり）和尚さんが帰ってきはれへんさかいに、ほの間《ま》に半分割って食べたんどすねて。ほいたら、和尚さんが帰って、「こんな餅は、半分と隣りからくだはったのに、半分ということはなあものや（ないもんだ）」て。『満月に片割れ月はないものや』て。

ほいたら、小僧がちょっと賢いのかしら、

『雲にかくれてここに半分』と出たんどすねて。

言ってみれば、これは歌を五七五／七七と、半分にした問答のやりとりですね。そして、和尚さんをへこましてしまう。何で歌なのでしょうね。歌であることが大事なんでしょうね、きっと。満月がなぜ出てくるのか。だってお餅ですから、望月に掛けてますから満月なんですよね。だから、満月なのにはちゃんと理由がある。望月だから満月だ。望月で片割れという。そういういわば歌の掛詞・縁語といった和歌の修辞・表現法がちゃんとここにも踏まえられているのです。そういういわば、歌のやりとりで和尚さんをへこましてしまうというのが面白いところです。ここにやっぱり歌の問題があるのだということです。

十五夜の餅

こういう話は他の地方でいくらも形を変えて伝わっています。だけど、大事な歌のところはほぼ変わらない。もう一つ読んでみます。これは『美作の昔話』の「十五夜の餅」という話です。八月十五夜と言えば名月ですね。やっぱり満月ですよ。

塩の辛い（抜け目のない）小僧がおって、和尚さんが法事があるいうて近所へ行て、小僧がひとり留守ぅしょうたら、隣から「餅《もち》う和尚さんにあげてくれえ」いうて、持って来てくれたんじゃ。そがあしたら、どうもその餅がおいしそうげな餅やで、食べとうてこたえんようになって、せえから、和尚さんが出た間《ま》に、砂糖出あて、付けて食ようた。そがあして食ようるところへ、ガラガラいうて表がいうたで、こいつ和尚が戻った思うて、じきに（すぐに）食いさしの半分をふところへ入れて、半分だき（だけ）置いておったら、和尚さんがはあてきて

（はいってきて）、

「小僧、いま戻った」

「どうも、ご苦労さんでした」いうて、

「隣から『和尚さんにあげてくれえ』いうて、お餅ぅもろうたんですけえ」いうて半分出あた。そがしたら、
和尚さん、見ょうたら、

「十五夜の月はまんまるなるものを」いうて、和尚さん言うたん。

「雲に隠れてここに半分」いうて、ふところから自分の食いさしの餅ぅ和尚さんに出《だ》あたもんじゃけえ、

「頓知のええ歌を言うたけえ、お前に褒美《ほうび》に、その餅ぁみなやるで食ええ」。その坊さん、あきらめのええ坊さんで、小僧にみなやって食わしてしもうた。そがあな話うしょうた。


小僧の頓知で餅のおすそ分けにちゃんとあずかった。みんな貰った。これはやっぱり歌のやりとり、小僧の智恵・機知が歌において表されているというのが大事なところなのですね。望月にお餅という掛詞。それに「望月」と「餅好き」。何で餅が出て来るかということもまた大事なのです。それは後からの問題です。これが「和尚と小僧」譚です。大変わかりやすい。大変面白いですね。和尚さんをへこます小僧の頓知が歌によって表現されているというのがこの話の大事な点であります。

二　西行さんの歌問答

西行と女性

こういう「餅連歌」の話は、大変な広がりを持っております。驚くほどの広がりを持っている。それが西行さんの話にもある。西行さんの歌問答です。これは「和尚と小僧」のかたちではありません。西行と女性の歌問答になっています。だけど、考えてみれば西行さんもお坊さんですから、この西行さんの話だって、言ってみれば「和尚と小僧」の話の変化のかたちだと考えればいいのです。歌が同じです。『伊那の昔ばなし』の「西行様の旅」という話を読んでみましょう。

むかし西行様が旅僧になって方々旅をして歩いた。だんだん行くと向こうの方に大きな家があったもんで、西行様は其処へ行って、戸間口へ立ってお経を読んで居った。丁度その家ではその時お焼きを焼いて食べて居る所だった。みると穢い坊様が立って居るので、その家のお神さんはあんな坊様にお焼き一つやるのは勿体ないと、そっと半分こわって懐の中へ入れて、残りの半分だけ持って行って坊様にやった。そうすると西行様は其の半分のお焼きを貰って、

もち月に片われ月はなきものを

と歌に詠んだ。すると其のお神さんが、

雲にかくれて此所に半分

と云って、懐の中から残りの半分を出して西行様にやった。

こちらは西行さんの歌の力ですね。ちょっと変わっていますけれども、歌は変わらないでしょう。こんなふうにして「和尚と小僧」譚のかたちを踏まえながら、歌が西行と女性の問答に変わっていきます。そういう話は、さらに遡れば江戸時代にまで見えております。時代はいくらも遡れるということです。長い歴史を持っているのです。

片割れ月の歌

次の『半日閑話《はんにちかんわ》』もいっしょです。太田南畝《おおたなんぽ》（蜀山人《しょくさんじん》）の随筆ですが、そこにもやはり西行さんの話として「西行片破れ月の歌」が載っています。

西行行脚の時、頃しも八月十五夜彼岸の節、山里の人家に托鉢を乞ひ玉ふ。主の女父の祥月なれば下女に申付けて大なる餅一ツ与へさせし、此女二ツに割て西行の衣鉢に入れけり。西行取あへず、

十五夜に片はれ月はなきものを

と口ずさみければ、女微笑みて餅を片々取出し下の句、

雲にかくれてこゝにこそあれ

彼岸のお餅ですよね。それはまた十五夜のお餅でもあります。仏に供える餅です。これもさっきの昔話と同じですね。西行さんの歌の機知がこんなふうにして発揮されている。やっぱりさっきの「餅連歌」の話と同じであることは違いない。そういう意味では「和尚と小僧」譚の中の一つの話なのです。これが江戸時代にまで遡れる。

三　近世初期の笑話

歌の応酬

太田蜀山人は江戸の後期の人ですけれども、さらに時代は江戸の初期にまで遡ることができます。『きのふはけふの物語』あるいは『醒睡笑《せいすいしょう》』にこういう「餅連歌」の話があります。これは江戸の初期、寛永の頃です。まだ江戸の時代が落ち着いていない、あの関ヶ原がついこの前という時代です。まず『きのふはけふの物語』（元和元年〈一六一五〉成立の笑話集）から見てみましょう。

新発意《しんぼち》かたへ、師匠の御留守に、去方《さるかた》より餅到来したぞ。これをちごにかくすを見給ひて、

望月の木がくれしたる今夜かな

返し

たゝみのへりを山の端にして

児《ちご》に食べさせないように新発意《しんぼち》が餅を隠したのですね。児が何で隠したと歌います。返しの部分の山の端には月が掛かります。これもまた月の縁である。こんなふうに新発意と児のやりとりが歌によって表現されておる。「餅連歌」の一つのかたちがもうすでにここに見えているということですね。

そうするとやっぱり、こういう連歌のやりとり、歌の応酬が大事なことだったんだとわかって来ると思います。これは次の『醒睡笑』（児の噂・巻の六）（京都誓願寺の住僧・安楽庵策伝の編んだ笑話集。元和元年〈一六一五〉でも同じです。

貧々《ひんひん》たる坊主の眠蔵《めんざう》より餅の半分あるをもちて児《ちご》にさし出す。受取りさまに、

十五夜のかたわれ月はいまだ見ぬ

とありしに、師の坊、

雲にかくれてこればかりなり

貧しいお坊さんの台所でしょうか。これも望月の十五夜を言うておる。こんなものがすでに近世初期の笑話の中にも出て来ている。笑話だけではありません。狂歌咄にも作られるのです。今のはお坊様と小僧のやりとりで、上の句と下の句が別々に歌われる。ところがこれを一首にしてしまうものがあります。それが同じ『醒睡笑』(児の噂・巻の六)の次の例です。

児《ちご》にかくして坊主餅を焼き、二つに分け、両の手に持ち食せんとするところへ、人の足音するを聞き、畳のへりを上げ、あわてて半分をかくすに、はや児見付けたり。坊主、赤面しながら、「今程の有様をおもしろく歌に詠みたらば、振舞はん」といふに、

山寺の畳のへりは雲なれやかたわれ月の入るをかくして

お坊さんは、今の有様を歌に詠んだらこの餅をお前にやると言う。いわば児は試されているわけです。お餅をやりたくないものだから坊さんが試験をしたのです。その試験が歌なのです。ところが小僧は歌を詠みます。「お餅を隠したのはあんたやろ」と言い返すわけです。単なる言い返しではなく、歌によって言い返したことが大事なのでしょう。文句を言ったということだけじゃないのです。それは歌において言い返されておる。そこがつまり、とりわけ和尚と小僧のこういう餅連歌あるいは餅の狂歌咄において、いかに歌や連歌が大事な意味を持っているかということがわかって来るかと思います。

歌と民間説話

ぼくらは日本の文化の中で、確かに『万葉集』あるいは『古今和歌集』、あるいは『新古今和歌集』というような古典・詩歌の歴史を学んでいます。それは大事なことです。だけど、それは文学史の頂点ばっかり追い掛けている。『万葉集』は古代の詩歌のアンソロジーで、上は天皇から下は防人《さきもり》、つまり戦争へ行く兵隊たちの歌まで含めていますから、その仲間には入りませんが、『古今和歌集』や『新古今和歌集』以降の勅撰和歌集などというのは、言ってみれば貴族の詠んだ和歌であります。そういう都の貴族たちが詠んだ歌の歴史を日本の文学の歴史、和歌の歴史として学んできたわけです。それは大事なことです。だけど、そういう世界とはまた別なところで、つまり、こういう民間説話の世界においてこういうふうにして歌のやりとりというものがある。大した歌じゃないですよ。それは、柿本人麻呂や紀貫之の歌に比べたら、こんな歌は片々たる小さなものだけど、これを面白いと言って笑って伝えて来た歴史があるのです。そういう意味では、こういう民間説話もけっして馬鹿にしたものではないと思います。こういう話の性格をもう少し辿って考えて行く必要がある。そのために遡ってみようとしたわけなのです。これからそこの話へ入って行きます。

こんふうにして、近世においてはこういう餅連歌の話というのが歌のやりとり、あるいは狂歌話の中に、連歌や歌を核としながら伝えられてきているということがわかってもらえたかなと思います。

四　俳諧連歌の遊び

芋名月の宴

それでは、こういう話が一体どういう時にどういう場から生まれて来たのかということです。誰がどういう場でこんな話、つまり餅連歌の話に興じていたのか。その話を次にしてみたいと思います。まずは『日次紀事《ひなみのきじ》』（黒川道祐著。延宝四年〈一六七六〉）という、これは京都の年中行事を記した書物です。その中に次のような八月十五夜の条の記事があります。

今夜地下ノ良賤モ亦名月ヲ賞ス。各々芋ヲ煮テ之ヲ食フ。故ニ俗ニ芋名月ト称ス。他邦ニ於テ生荚豆湯ニテ煮、之ヲ食フ。九月十三夜ハ芋ヲ食フ、是皆ナ節物也。然ルニ京師ニ於テハ互ニ之ヲ誤ルモノカ。終夜月ヲ見、意ニ従テ興ヲ催ス。大井川或ハ淀川或ハ近江ノ湖水各々遊観ス。東坡ガ曰、嘗テ聞ク此宵ノ月万里陰晴ヲ同スト云。

豊かな人も身分の低い人も名月を賞している。八月の十五夜ですから名月の夜です。芋をお月さまに供えるのです。だから芋名月というわけですよね。つまり八月十五日は芋、九月十三日は豆。芋名月・豆名月といって、これはいずれも芋や豆をお月さまに供えるいわば節供の食べ物ですよということを言っているのです。大井川というのは桂川のことですが、大坂の淀川、近江の琵琶湖でおのおの月見の宴を催すという。こんなふうに、八月十五日の芋名月の夜には、月を愛でて遊んだということであります。

その八月十五日には、これは『言経卿記《ときつねきょうき》』（山科言経の日記。天正四年〈一五七六〉に始まり、慶長十年〈一六〇八〉に及ぶ）の記事を上げておきました。

一、座頭福仁来了、（中略）即西御方へツレテ罷向、内々承ニ依テ也、種々芸也、上ルリ、平家、小歌、シヤヒセン、早物語、其他逸興共有之、

一、下冷泉被来了、夕湌相伴了、次名月之間、当座十五首有之、

座頭についてはまた後からお話をします。つまり目の見えない人ですね。三味線を弾きます。そうして座を盛り上げる。この場合は、八月十五日に呼ばれてやってきた。そして、種々の芸をした。例えば浄瑠璃や平家物語を語っている。小歌や三味線や早物語等々の面白い芸を座頭がしたと言っているのです。それは、次にありますように名月の夜ですから、そういう宴の席で歌を作って、「名月之間、当座十五首有之」とあるように、月を眺めながら即興で歌を作るのです。そういう席に座頭さんが呼ばれて、つまり、目の見えない芸達者な芸能者が呼ばれて平家や浄瑠璃や小歌や早物語等々を語っているという記事であります。言ってみれば、この八月十五日の名月の夜は、そんなふうに歌に興じ連歌に遊び、そうして平家や早物語を楽しむ宴の座、芸能の座なのです。単なる月を愛でるだけではない。月を愛でながら遊ぶという世界ですね。それがこの夜である。

そういう中に和歌があると、和歌はちょっと堅苦しいですね。構えて詠まねばならない。だけど、和歌が終わったらちょっとくだけて遊ぼう、俗な歌を作ろうということで、俳諧の連歌が作られる。例えば次の『犬筑波集《いぬつくばしゅう》』（享禄年間から天文初年〈一五二八〜一五三二〉）がそれです。筑波の道というとわかりますか。これは連歌の道のことです。ところが「犬」ですから俗な連歌、つまり俳諧連歌のことですね。その俳諧連歌を記録したのが次です。

切りたくもあり切りたくもなし

ぬす人をとらへてみればわが子なり

さやかなる月を隠せる花の枝

「切りたくもあり切りたくもなし」とは何のことを言っているのかわからないでしょう。これは謎を吹っ掛けているのです、連歌で。「これは何ですか。答えてごらんなさい」ということです。それに付けたのが、後の方からいうと、「さやかなる月を隠せる花の枝」。いやあ、あの名月を隠しているあの枝を切ってみたいけど、美しい花を咲かせておる枝やから切るのももったいないなと悩んでいるわけです。「切りたくもあり切りたくもなし」というのは何かというとあの枝なのです。名月を見るには邪魔やけど、美しい花やからなかなか切られへんという、その迷いであると謎解きをしたのです。

もう一つ迷っている。「ぬす人をとらへてみればわが子なり」。たたっ切ってやりたいけれども、わしの子どもやったわい。これは切られへん。こういういわば遊びです。連歌というのは本来、和歌の席でのくだけた遊びの世界なのです。和歌はやっぱり袴・裃を着けて、何しろ敷島の道ですからね、正統なる権威ある世界です。それに対して、筑波とはいっても「犬」だから卑俗なものなのです。何を詠んでもいい。だからこんなことをして遊んでおる。こういう連歌の遊びの世界から先程言った「餅連歌」の話も生まれてくるのです。

前句付の遊び

例えば次の資料は餅連歌ではないですけれども、『犬筑波集』の前句と付け句のここから話が作られてきました。『新撰狂歌集』（慶長二十年〈一六一五〉以後成立）です。ちょっと見てくださいね。

有寺へ檀那より大なる有りの実（梨）一つ送りければ、「これに付て一句すべし。よく付けたる人に此の梨を

参らせん」とて、

切りたくもあり切りたくもなし

硯箱の掛子《かけご》にあまる筆の軸

月かくす花の梢を見るたびに

いづれも心をつくし給へば、新発意罷り出で、「それがしも一句付け申さん」とて、

梨一つ惜しむ坊主の細首を

といひければ、坊主腹を立ててかの梨をうちつけければ、やがて取りて逃げける。

「有りの実」とは梨のことです。ナシと言うとゲンが悪いからアリと言い直しているのです。その前句というのが「切りたくもあり切りたくもなし」。これにうまいこと付けられたらこの有りの実をやるからと言う。これはさっきの餅連歌といっしょでしょう。「硯箱の掛子《かけご》にあまる筆の軸」。筆の軸が硯箱に入り切らないから切りたいけど切られないということですね。「月かくす花の梢を見るたびに」も同じですね。今度は、なり立ての小坊主が「梨一つ惜しむ坊主の細首を」と付けた。梨の一つもくれない和尚さんの坊主頭を切ってやりたいけど、先生だから切ることが出来ない。坊さんは腹を立てて梨を投げつけます。これも「和尚と小僧」譚ですね。

つまり、歌でもって和尚さんをやり込めている。こんな話が連歌のやりとりの中から作られ生まれてくる。それはおそらく、きっとこういう月見の晩の遊びの世界、名月の晩の和歌や連歌を作って遊び興じる場の中からこういう話が生まれてくる。「切りたくもあり切りたくもなし」、それに「月かくす花の梢を見るたびに」というような句を付けて遊ぶことが、名月の八月十五夜の夜にふさわしい連歌の遊びであったというふうに考えてみればどうでしょうか。

連歌話から昔話へ

そういう話がまた、昔話の世界にずうっと受け継がれて来る。これが次の昔話の資料です。ずいぶん膨らまされています。だけど江戸時代初めの連歌話と同じなのです。『続甲斐昔話集』にある話で、なかなかよく出来ていまして、長いですけど面白い。

切りたくもなし

和尚様は梨がすきで、たくさん戸棚のなかにしまっておいて、ときどきそれを取り出いては一人で食っていた。小僧らはちゃんとそれを知っていたから、ある日和尚様が梨を食っているようなときをねらって、呼ばれもしないのにむしゅう（急）に和尚様の室に入っていった。すると和尚様はちょうど今うまそうな大きい梨を包丁で切って食っている最中であったが、急に三人の小僧らが入ってきたので、こりゃあといって驚いたけんど、もう梨も包丁もかくす暇がなかった。それから和尚様しかたんなく、「こりゃあわいらちょうどええとこい来とお、今この梨を俺も食ったり、わいらにもくれずかと思っていとおとこどお。けんどもただじゃあおもしろーもないから、そこで「なし」という言葉のついた歌あ一つずつ詠んでみろ。うまく詠めとお者にこの梨を一つくれる」といった。それから一番上の小僧はいろいろ首をひねって考えた末、

「十五夜の月にかかりし松の枝、切りたくもあり切りたくもなし」

と詠んだ。すると和尚様は、「うん、これあなかなかうまい」といってほめて、約束どおり梨を一つくれた。つぎに中の小僧は、

「寺入りの文庫にあまる筆の軸、切りたくもあり切りたくもなし」

と詠んだ。すると和尚様は、「うん、これもなかなかうまい」といってほめて、中の小僧にも梨を一つくれた。ところが末の小僧は何分歌を詠まぬから、和尚様が「どうだ、わりゃあまだできぬか」といって催促すると、末の小僧は、「はいとっくにできていやす」といって、

「梨一つくれぬ坊主の細首を、切りたくもあり切りたくもなし」

といって詠んだ。この歌にもちゃんと「なし」という言葉が詠み込んであるから、和尚様もしかたなく、「うん、こりゃあなかなか感心どう」といってほめて、やはり末の小僧にも梨を一つくれた。

和尚さんは、梨をやりたくないから歌を詠めと言っている。つまりこれは試験です。詠めないだろうという前提がありました。「切りたくもあり、切りたくもなし」というのは、有りの実ですから当然そこにはアリとナシで梨が掛かっている。単純ですが、こういう一つの掛詞に喜んでいる世界があったということです。そういう歌・連歌の世界がこういう昔話、民間説話に引き継がれて膨らまされていっております。

先程の『犬筑波集』のあの連歌の付け合いが、昔話の中にこんなふうに膨らまされて伝えられている。歌は変わらないですね。変わらないということはどういうことなのか。シチュエーション（場面）の設定はあれこれ変わっても歌自身はそんなに変わっていない。ということは、歌とは何なのか、ということになります。そういうこともまた考えさせられるところです。

こんなふうにして江戸の初めの連歌話となり、そうして、今に伝えられる昔話の世界にもこういうふうにして、歌が話の柱になって伝えられて来ているというふうに考えてよろしいのでしょう。大事な所はやっぱり、小僧の小賢しい知恵が歌によって表現されていることですね。歌い返してやり込めるということです。ここは大事なところでしょ

う。なぜ歌なのかということがそこで出てくる。

五　寺家の歌話

歌掛けの遊び

更に時代は遡ります。『臥《が》雲《うん》日《にっ》件《けん》録《ろく》跋《ばつ》尤《ゆう》』（相国寺僧惟高妙安による、端渓周鳳の日記『臥雲日件録』の抄録。永禄五年〈一五六二〉）という記録です。それは、京都相国寺のお坊さんの日記です。禅宗の坊さんが書いたものですから漢文です。その中に同じように和尚と小僧の話が出て来るのです。つまり、歌を歌ったことによって分け前を貰えたというのです。分け前とはご褒美のことです。寛正六年〈一四六五〉三月条ですから、江戸時代よりもっと遡るということですよ。

二十日　三蔵主来、又三井寺三児ノ和歌ノコトヲ話ス。蓋シ三児ノ師、金ノ盆一枚ヲ持チ、三児ニ命ジテ和歌ヲ詠マシム。桜花ヲ以テ題トス。意アルナラバ、盆ヲ以テ能ク詠ム者ニ付スル也。小児ノ歌ニ曰ク、
桜花、第四静慮ニ、サカセハヤ、風災ナクテ、イツモナカメン、
桜花、第四静慮ニ、サクトテモ、眼識ナクテ、イカガナカメン、
桜花、第四静慮ニ、サクナラハ、下地ノ眼識、カリテナカメン、
其師曰ク、三歌皆好シ、是ニヲイテ盆ヲ破リ三ニシテ三児ニ付ス云々
（漢文訓み下し）

三蔵主というのは相国寺の横川景三《おうせんけいさん》という禅僧のことです。その坊さんがやって来て、三井寺の三人の児がいて、その三人の児が和歌を詠んだことを話して帰ったというのですが、それは、三人の児の師匠さんが金のお盆一枚を持って、三人の児に桜の花を題にして和歌を詠みなさいと命じたというのです。上手に詠めたならば、この金の盆をあげると約束した。三人の小僧さんはそれぞれ歌を詠んだ。この歌がちょっと難しいのですが、結局それは桜の花を題にしている。

まず一人目の小僧は、風が吹かなかったらこの美しい桜をいつも眺めていられるのに、というふうに詠んだ。二人目の小僧は、眼識すなわち目の働きがなければ桜の美しさなどわからないと詠んだ。三人目の小僧は、眼識がなかったら、さらに下地の眼識を借りてでも桜の美しさを堪能したいとこう歌ったのです。第四静慮というのが難しいですね。これがあるからわかりにくいけれども、一つは、桜の花の美しさを称えていること、それから、桜の花の美しさを称えながら、第四静慮とは何かということを説明しているのです。

その第四静慮について説明しますと、すべてが清浄とされる色界（まだ物質・肉体にとらわれている世界）は、十七天に分かれる。もっとも清浄な無色界に近い「第四静慮」は、風・火・水の災害はもちろん、眼・鼻・耳・舌・触覚による認識もない清浄なる世界である。だから、桜の花を歌いながら、第四静慮とは何かということを説明している歌なのです。ちょっとわかりにくいかも知れませんが、和尚さんの命に応じて三人の小僧たちがこう詠んだら、いずれもうまいものだから、金のお盆一枚を割って三人にそれぞれ与えたというのです。これもやっぱり梨の話と同じです。それから、お餅の話とも同じです。つまり、歌において小僧の智恵が表現されておる。歌そのものは禅宗ですから理屈っぽくて難しい。しかし、その歌の世界はまた、ぼくらが見て来たような、「和尚と小僧」という、知恵に優れた小僧の歌がこういう和歌によって表現されているということがわかりますね。

歌の才覚

それから、次の資料もまた、同じく「和尚と小僧」譚の一つのかたちです。『沙石集《しゃせきしゅう》』という、鎌倉時代の無住という禅宗の坊さんの記録した説話集であります。

此禅師、武蔵野ノ野中ニテ、水ノホシカリケレバ、小家《こや》ノミヘケルニ立ヨリテ、水ノホシキヨシ云《いひ》ケルヲ、聞《きき》テ、マドノ中《うち》ヨリ、ハタワレタルヒキレニ水ヲ入《いれ》、十二三許《ばかり》ナル小童《せうドウ》ノ、指出《さしいだ》シタルヲトルトテ、

モチナガラカタワレ月ニミユルカナ

ト云《いひ》ケレバ、小童トリモアヘズ、

マダ山ノハヲ出デモヤラネバ

ト云《いひ》ケル。ワリナクコソ。

お坊さんが修行の旅に出て、武蔵野という広い野の中で喉が渇いて、飲み水が欲しくなったので家に立ち寄って水を欲しいと言うと、窓の中から「ハタワレタルヒキレ」というのですから、ふちの割れたお碗ですね。それに水を入れて十二、三歳の小さな子が水を差し出した。それを見てお坊さんが、「モチナガラカタワレ月ニミユルカナ」。お碗のことを月に例えて、まるで片割れ月みたいなものだなあ。丸いお碗のふちが欠けているから片割れ月に例えたということです。そんなふうにお坊さんが言った。すると、「トリモアヘズ」ですから即座にこの小さな子どもが歌によって答えます。お碗を月に例えて、「マダ山ノハヲ出デモヤラネバ」。つまり、まだ出した途中ですからよく見てご

らんなさいよとでも言いたいのでしょうかね。ここに、この小僧さんの利口さがあるのです。

これも、お坊さんと小さな子とのやりとりになっています。言ってみればこれも「餅連歌」の一つのかたちなんだと言ってよろしいでしょう。そういう話がもうすでに鎌倉時代にまで遡ることが出来る。「和尚と小僧」譚の源流を遡れば、こういう時代にまで、こんなふうなかたちで、やっぱり歌のやりとりの中で伝えられ、記録されているのだということがわかるのですね。これも一つの驚きです。そういう類いの話がぼくらの生きている時代に至るまで、かたちを変えてこうして伝えられて来ているということは、不思議ですが感動でもあります。どこにこの面白さを感じたのでしょう。やっぱり、児の賢しさでしょうか。それが歌において表現されているということでしょうかね。そうすると、ちょっと理屈っぽくなりますが、児とは何か、歌とは何か、という問題にまで入ってまいります。それはちょっと理屈っぽくなりますので置いておきましょう。

僧家の歌話

『臥雲日件録跋尤』も禅宗のお坊さん、『沙石集』の無住も臨済宗のお坊さんです。同じような和尚と小僧の話が、お寺の坊さんによって記録されているというのが面白いところですね。

次の『明恵上人《みょうえしょうにん》歌集』も同じものです。明恵上人というのは鎌倉時代の華厳宗の高僧で、京都の高山寺中興の祖です。こんな偉いお坊さんが次のような連歌を作って遊んでおる。これも和尚と小僧のかたちですよ。

或る人月を見て、

白雲かかる山の端の月

と申しはべりけるに
　豆の粉の中なるもちひと見ゆるかな

豆の粉の餅というのは黄粉餅のことです。これもやっぱり望月の望とお餅を引っ掛けた「餅連歌」であります。こんなかたちで明恵上人さんも遊んでいる。歌で遊んでいる。これらはいずれも、お寺のお坊さんたちが記録しているということです。面白いと言えば面白い。こういう話がやっぱり、寺方で話されていた時代があったのかもわかりません。何とも言えませんが。お寺のお坊さんたちがこういう連歌話や歌話を楽しんでいた時代があったのかもわかりません。折口信夫が言うところの「僧侶の文学」なのですね。中世の文学というのは僧侶を抜きにしては語れない。つまり、中世の文学をいわば担った人たちなのです。平安時代は宮中に仕えた女房ですね。紫式部や清少納言が代表とされている。だけど中世、鎌倉以降は女房たちに代わって文学を支えたのは僧侶たちです。神官も含めて。

つまり、そういう人たちが無常を説く。それは『平家物語』や『方丈記』や『徒然草』というような作品に表れています。そういう文学を担ったのが僧侶たちである。そういうこととまた、こういう昔話、和尚と小僧の連歌話が寺方において記録されてきたということとどこかで繋がっている。つまり、お坊さんたちがそういう文学の担い手となる時代と結び付いているのだなあという気はします。

六　座頭の祝福芸

座頭の芸

こういう話がどういう人たちによって伝えられてきたのかという話を最後にしてみたいと思います。それは、先程の松本さんの「愚か村話」の話の中で、牛首乞食のことに触れていましたが、その問題にも繋がって参りますし、座頭というのがどういう存在であったかということとも繋がる問題です。

前に述べた『言経卿記』において触れましたが、座頭福仁が来て種々の芸をしています。浄瑠璃や平家や小歌や三味線や早物語というようなものを、八月十五日の名月の夜に演じたという記事がありました。名月の夜、和歌を詠んで遊ぶ。その宴の中に座頭さんが招かれてこういう芸をしたのだ。これは盲目の芸能者であります。これはいやしめられた人たちでもあります。だけど、単にそうだったわけではありません。そういう時を定めてやって来る、歓迎すべき人たちでもあったのです。つまり、宴の座で祝福をしてくれる。その座を祝福してくれる。そういう人たちが目の見えない座頭さんであった。こういう座頭さんたちはまた、いろんな芸能に通じておりました。これが座頭の祝福芸ということです。

まず、南江宗沅《なんこうそうげん》という京都大徳寺のお坊さんの記録である『南江宗沅作品拾遺』にこんな記事が出てきます。

　瞽者名は通明、演史の業を棄てて、連歌を詠じ、仏名を唱うという。

　演史の遺音倭句を詠ず　琵琶三昧般舟に入る　（漢文訓み下し）

この通明という座頭さんは、演史の業《わざ》即ち歴史を語る、つまり平家物語を語る。それをやめて、もっと得意な連歌を詠むことを達者とした人で、その人が南江宗沅のところへやって来ているのです。こういう人たちが禅宗の僧との交わりをしている。だから、この座頭さんは、平家を語るだけではなくて、連歌もまた彼らの得意技であったわけです。

彼らは、和歌も得意としています。それが先程も上げた『臥雲日件録跋尤』の城呂《じょうろ》という座頭であります。

城呂（座頭ナリ）頗る和歌を能くす。之に問うに、歌人の例に富士の烟の語あり、来由如何と。呂曰く、昔天智天皇の代、冨士山下市に、常に老人有りて来たりて竹を売る。人之を怪しみて、一日行きて其の帰る処を尋ぬ。冨士山中の一村に翁、家に処女有りて、太だ艶美なり。翁曰く、女初め鶯の巣の中に一つの小卵を得たり。卵化して此の女となる。撫養して日久しく、我毎々竹を売り、以て家資となす。故に世我を名づけて竹採の翁となす云々。（中略）後帝天葉衣を披て飛び去る。冨士山頂に到り、ここに不死の薬と鏡とを焼く。其の烟天に徹ず。凡そ歌人の用いる所、本此において也。冨士はまた不死といい、蓋し此に由る也。（漢文訓み下し）

城呂は和歌の上手であった。この人に「富士の烟」という歌語のいわれについて尋ねると、次のような話をしてくれた。これはかぐや姫の話です。最後に富士山が出てくるでしょう。そして、不死の薬を燃やして烟が立ったという。まさにその富士の烟の由来をかぐや姫譚に託して語っていますね。これは「富士の烟」という歌語の由来を語る話です。これは竹採の翁の物語であります。『竹取物語』とは違って、竹の中の鳥の卵から姫が生まれて来たというのがまた面白いのですが、そのいわれとしてかぐや姫の富士の烟という歌語の由来を、城呂という座頭さんが語っておる。つまり、歌語に通じているのが座頭さんである。歌に通じているということです。演史の業、平家物語だけじゃない。連歌だけでもない。和歌にもまた通じているのがこの座頭という芸能者なのですね。

そうしてさらに、『奥の細道』を見ると、塩竈のところで芭蕉は奥浄瑠璃を語っているのを耳にしているのです。

その夜、目盲法師の、琵琶を鳴らして、奥浄瑠璃といふものを語る。平家にもあらず、舞にもあらず、ひなびたる調子うち上げて、枕近うかしがましけれど、さすがに辺国（土）の遺風忘れざるものから、殊勝におぼえらる。

だから、浄瑠璃も語るのです。宿に呼ばれて語るわけです。いろんな芸を持っておる。そしてその浄瑠璃は、例えばどういうものかというと、次のようなものがある。言ってみればこれは『平家物語』のパロディです。『平家物語』があはれの語り物だとすれば、こっちは早物語といって、「黒白餅合戦」という滑稽なる語り物です。

そもそも黒白米戦の年号は、天腹元年薬罐の年、春は三月三日雛の節句のことなるに、囲炉裏ケ城の門前に、大いなる問答出で来たり、起こりは何と尋ぬるに、白子の餅と黒子の餅の座敷論とぞ聞えける。白子の餅は黒子の餅に打ち向い、如何に黒子殿、汝は黒き自分として、度々高座をするが吾々大いに腹を立つ。罷り下れと叱りける。（後略）

滑稽なるというのは、白い餅と黒い餅の戦語りです。源氏と平家の戦いは今、大河ドラマの「清盛」でやっていますけれども、あの清盛の平家の語り物を、餅合戦として語っているのがこれです。あるいは、芋の合戦として語るのが次の「芋合戦」です。

ヤアヤアー、イモ共よッく聞け。汝主命に背き謀叛の旗上げなしたるが、百姓道具にさる者ありと聞えたる、鍬刃の太郎、鎌刃の次郎ハセ向うたり。覚悟をヒロゲとポックリポックリ掘りかえし、チョッキチョッキと首打ち落す。親イモ、子イモ、チリヂリバラバラ、荒目のショウケに拾いこみ、川端さして運ばれる。（後略）

餅にしても芋にしても、これは名月の夜のお供えです。そういう場に呼ばれた座頭たちがこういう名月の夜にふさわしく、「餅合戦」や「芋合戦」の、つまり平家の俗なる語りを語って見せていると考えてはどうでしょう。これは、『平家物語』を語った彼らがこういう俗なるものとして余興である早物語をまた語るということなのですね。座頭さんも芸能者なのです。宴席に呼ばれてこういう芸能を披露している。しかし、遡れば彼らは、和歌や連歌もまた詠めたし、その知識を持っていた人たちでもあったのです。それが、時代が下って、こういう宴席に侍って平家物語の崩れの芸を語って人々を楽しませました。

ことほぎの芸

そういう座頭さんの仕事というのは祝福芸なのです。つまり、お正月や節供祈願の時にお餅を供えるでしょう。そういう時に呼ばれてやって来て、その節供にふさわしい祝福の芸を披露するのが彼らだったのです。「ことほぎの芸」と言いましたね。つまりそれは、何のために彼らは節供節供に呼ばれてやってくるのか。それは、神が時を定めて訪れてくるように、時を定めて春・秋の節供に訪れて来て、その家の栄えること、作物が豊かに繁ることを祝言して歩くことが彼らに求められた仕事なのです。ホイトさんだって、単なる旅の乞食ではなかったはずです。時を定めて春の田植え、あるいは秋の収穫のそれぞれの節供の時に訪れて来て、その収穫の豊かなること、豊かなる収穫を感謝する。家の安全を感謝して祝言を行うのがこういう座頭さんの本来の仕事でありました。祝福芸というわけですね。

最後に『北越雪譜』（初編・巻之下「雪に座頭を降す」）を上げておきました。

雪に降り込められて、春を迎える年越しの夜、ある人の家で、鬼の話題をはじめとして、さまざまな雑談に時を過ごしていると、明かり窓からがらがらと崩れ落ちてきた雪とともに、小座頭の福一が降ってきた。すわ、鬼か、と驚いた一座の人は、めでたき年越しの夜に人騒がせな、早く立ち去れ、と福一を責める。そこで福一は歌一首を詠んで、一座の機嫌をとる。以下、本文を引用しておきます。

福一かしらをたれ、ものを按ずるさまなりしが、やがて兎角にむかひ、「歌一首詠み候。書きてたまはれ」といふ。此の福一は、としわかけれど、俳諧も戯れ歌をも詠むものなれば、あるじ、「こはおもしろし」とて、兎角が書きたるをよませて聞けば、そのうたに、

吉方《えはう》から福一といふこめくらが入りてしり餅つくはめでたし

この歌にて人々めでたし〳〵と興じ、手など打ちていさみよろこび、ふたたび盃をめぐらしけり。

福一というのは座頭さんですね。これは祝言なのです。それも年越しですから節供ですね。年越しの夜ですよ。歌や連歌や俳諧は座頭さんの芸だと言いましたね。福一もそれを身に付けているのです。この歌は年越しの夜の祝言です。恵方から福一といういかにもめでたい座頭が福を持ってやって来た。「こめくら」はまた米倉でもあります。米が豊かに恵まれる。コロコロ転がって持ってきたその尻餅。それに引っ掛けて米と餅。そして、めでたしと言っている。これもまた、米が豊かに取れること。いわば祝言として歌を一首詠んだ。こういうのが座頭の仕事なのです。だから彼らは米や餅を題材とした歌を得意としたのです。それがまた祝言の芸でもある。

童形の神

ただ問題は、何で歌かということと、何で小僧なのかということです。和尚をへこますのが何で小僧なのか。ここ

がやっぱり大きな問題として残ります。小さな者が大人をやっつけたら面白い。これは大事ですね。だけど、民俗学の解釈では、小さな子どもは神様が仮に姿を変えて顕れた存在ですよ、という考え方があるのです。だから、翁と童子は近いのです。人間は年を取ったら子どもに近づく。よく言うでしょう。そういう意味では、翁と子どもは近い。どういうふうに近いのかというと、神様になります。神に近づく。だから年寄りも子どももよく似ておる。罪のない、穢れのない存在になっちゃうんだ、いずれは。だから、子どももまた、神様がこの世に仮に姿を変えて顕れて来た存在であるから、歌を詠めるという、それは特別な才能です。歌というのは誰にでも出来ない。小さな子どもが歌を詠むということは、調《しら》べを持っていますから、歌は神の言葉である。そういう存在である。神に近い存在として子どもは考えられていた時代があったということでしょう。

〔参考文献〕

柳田國男『桃太郎の誕生』（角川文庫、一九五一年六月）

武田正『天保元年やかんの年―早物語の民俗学―』（岩田書院、二〇〇五年六月）

奥田勲『連歌師―その行動と文学―』（評論社、一九七六年六月）

岡見正雄『室町文学の世界―面白の花の都や』（岩波書店、一九九六年二月）

小林幸夫『しげる言の葉―遊びごころの近世説話』（三弥井書店、二〇〇一年十一月）

悪の昔話

――「俵薬師」をめぐって――

小堀光夫

はじめに―巧智譚と狡猾者譚―

巧智譚

巧智譚・狡猾者譚が本日の講座のテーマです。狡猾者が主人公の「俵薬師」という昔話を聞いたことのある方はおられますか。今ではほとんど語られていない昔話ですが、一九六〇年代以前には日本各地から話の報告が寄せられていました。昔は語られていたのになぜか今は語られない。そういう昔話について、今日はお話をしてみたいと思います。

はじめに巧智譚と狡猾者譚に分類される昔話を紹介しながら、「俵薬師」の話に入って行きたいと思います。『日本昔話大成』十一巻（角川書店、一九八〇年）は、タイプ・インデックス（昔話の話型索引）になっていますが、これは関敬吾が中心になって作ったものです。関は巧智譚と狡猾者譚を笑話の中に入れています。『日本昔話大成』では巧智譚は「A　業較べ」と「B　和尚と小僧」の二つに分かれています。

具体的に「A　業較べ」はどういう話なのかというと、大成番号四九五番「嘘の皮」という話がそれです。「殿様が、だましたら褒美をやると嘘つき名人に約束する。嘘つき名人が嘘の皮袋（嘘の本）を忘れたというので殿様は家来をとりにやる。殿様は米俵をとられる」というもので、殿様は嘘を信じ込ませたら褒美をやるぞと言っているそばから「嘘の皮袋」で嘘つき名人に騙されてしまっています。この「A　業較べ」には他にも大成番号四八四番「宝較べ」と題して、「貧乏人と金持ちが宝を較べることになり、金持ちは金銀を並べて見せるのに、貧乏人は子どもを並べて見せる。」といった話も入っています。しかし大成番号四八九番から四九五番までを見ると、「法螺較べ」「嘘つく槍」「法螺吹き童児」「嘘の名人」「嘘の皮」等、嘘をたくみに使って主人公が世渡りをしていく話群になっています。

「B　和尚と小僧」は、大成番号五三一番「飴は毒」という話を取り上げてみます。「和尚は飴（梨・酒・砂糖・金平糖）を毒だといって小僧に与えない。小僧は和尚の秘蔵の茶碗を割って飴を食う。申し訳に死ぬつもりだがまだ死ぬと小僧は和尚にいう」という話です。

これは、和尚が毒だと言っているものが何なのかを小僧は知っているわけで、自分の行為を正当化するために和尚の持っている宝物を壊し、死んでお詫びをするためにそれを食べたという話になっています。

この「和尚と小僧〈飴は毒〉」は、狂言にも「附子《ぶす》」という作品があり、太郎冠者が主人との間で同じようなことを繰り広げて、主人の掛け軸を破り、皿を割って、死んでお詫びをするというのですけれども、太郎冠者が嘘をついてそういうことをするのを主人は知っているので、最後は「やるまいぞ、やるまいぞ」と言いながら追いかけて終わる話になっています。「和尚と小僧」の話には他にも大成番号五三三番から大成番号五三五番まで「焼餅和尚」「小僧改名」「餅は本尊様」等、小僧が頓知を働かせて和尚の隠していた餅を得るという話もあります。このように巧智譚は、主人公が、自分より身分の高い者から嘘や頓知を使って相手が大切にしている財宝や好物を奪うことが話の主題になっています。

狡猾者譚

一方、狡猾者譚は、悪賢い主人公がその悪智恵を使って支配者に仕返しをする。または利益や地位を得るという話です。『日本昔話大成』ではこの狡猾者譚を「A　おどけ者」と「B　狡猾者」に分類しています。

この内、「A　おどけ者」の話を紹介します。大成番号五八九番「火事の知らせ」という話です。これは吉四六《きっちょむ》さんの話です。「吉四六が庄屋に火事を報告する。庄屋は火が消えたあとに行って代官にしかられる。これからは家をたたいて知らせよと注意する。吉四六は庄屋の家を丸太でたたく。火事はどこだときくと、これからはこのくらいたたいて報告すべきかとたずねる。」という話です。

また、大成番号五九〇番「仕事は弁当」では、下男が一生懸命仕事をしていると、仕事先の主人が、「飯を食うから仕事が出来る。弁当が仕事をしているようなものだ」と言う。それに対して、今度は鍬《くわ》に弁当を結び付けて本人は仕事をしない。主人が見に来て「何をやっているのだ」と言うと、下男は、「仕事は弁当だと言ったから、弁当に仕事をさせようとしているのだけれども、全然しない」という。つまり「火事の知らせ」の話も「仕事は弁当」の話も主人公のおどけ者が主人の言葉を逆手にとる頓知を使って、権力者というか自分を使役する立場の人間をやり込めるという話になっています。

『民話と文学』第二号「日本のおどけ者たち」（民話と文学の会、一九七七年）を見ると、日本各地に吉四六さんのようなおどけ者の話が伝承されていることが分かります（図1参照）。

例えば、北海道の松前、東北の青森・秋田では「繁次郎《しげじろう》」、関東の千葉だったら「重右衛門《じゅえむ》」、能登半島だと「三右衛門《さんにょもん》」といった人たちがいます。こういうおどけ者たちが日本各地にいて、「火事の知らせ」とか「仕事は弁当」のような類型性のある話の中で、主人公が入れ代わって伝承されているのです。

次に、「B　狡猾者」の話ですが、大成番号六一六番「馬の皮占」という話があります。それは、次のような話です。「狡猾者が長者を欺いたので馬を殺される。彼はその皮を売りに行き、ある家で間男が来ているのを知って、夫の前で馬の皮で占ってそれを教え、金をもうける。長者は馬の皮を売ってもうかったと欺かれて自分の馬を殺して皮を売るが売れない。長者は狡猾者を殺そうとして、誤ってその母を殺す。狡猾者は死んだ母親を町に連れて行って、屍を種にして金をもうける。長者は自分の母親を殺して、売りに行くが金もうけに失敗する」というものです。

これは悪の昔話ではないかと思います。というのは次から次へと人が騙されて殺されて行く話になっているからです。「正直」「生命尊重」といった道徳、倫理からすると納得がいかない話です。しかし、それがほんの五十年ぐらい前までは、日本各地で語られていた状況というのがあり、その後の五十年でこういう悪の昔話が語られなくなっていった、とも言えるのです。

そして、この「馬の皮占」の同類の話として大成番号六一八番「俵薬師」の話があります。この話は、主人公が嘘を使って人を殺してのし上り、金持ちになって行くという話で、悪賢い人物が主人公になっています。

図１　おどけ者伝承地地図

根岸英之「愚か者話・愚か村話」（『シリーズことばの世界』第３巻
日本口承文芸学会編 2007年 三弥井書店）から転載

一　「俵薬師」の世界

「俵薬師」と柳田國男

それでは具体的に「俵薬師」の世界に入って行きたいと思います。話の梗概（野村純一編『別冊國文學　四一　昔話・伝説必携』學燈社、一九九一年）は、次のようなものです。

嘘ばかりつく下男がいる。鷹の巣があるといって主人を木に登らせる。木を茨で囲って降りられないようにしておいて、「旦那は木から落ちて死んだ」という。嘘がばれ、俵に入れられて、海に投げられることになる。途中で「馬小屋に隠しておいた百両が惜しい」というと、俵を担いでいた男たちは俵を放り出して行ってしまう。下男が「俵薬師目の養生」と唱えていると、そこへ目の悪い馬方が魚を積んだ馬を曳いてくる。「俵の中に入っていると、目の病が治る」といって馬方を欺き、入れ替わる。男たちが戻ってきて、俵を海に放り投げる。下男は魚を積んだ馬を曳いて帰り、竜宮でもらったと嘘をつく。主人は自分も竜宮に行って魚をもらってこようと、海に飛びこんで死ぬ。

という話です。可哀想なのは馬方です。何ともしっくりこないものを感じます。馬方のことを考えると何とも気の毒です。そして最後は、海に飛び込んで死んだ主人に代わって下男が長者になるという話になっています。要するに、悪人が最終的には成功するといった話なのです。

つまり、何と言ったらいいのか、今日、我々が語りの会に昔話を聞きに行ったりすると、例えば「竜の子太郎」とか「八郎太郎」とか、人のために命を賭して働く者といったような話をみんな感心して聞くのですけれども、その時に「俵薬師」の話をしたら相当顰蹙《ひんしゅく》を買うことになるでしょう。けれども、昔話集を調べて見てみればわかるように、今日まで、奄美大島から青森まで四十話以上の話が報告されています。だから、こういう笑話を受け入れていた時代がかつてはあったということなのです。

「俵薬師」の話に最初に目を付けたのは柳田國男です。「俵薬師」という話名も彼が付けたものです。『日本昔話名彙』（日本放送出版協会、一九四八年）の中で、日本の昔話の基本話型の一つとして「俵薬師」を位置付けています。ですから、良い昔話・悪い昔話といった分け方をする現在とは違って、ちゃんと昔話として認知されて、その話型索引に載せられているわけです。それを見ると日本各地、さらには外国でも報告されている話だということがわかります。

では、柳田國男はこの話を関敬吾の『日本昔話大成』のように笑話に分類しているのかというとそうではないのです。『日本昔話名彙』は完形昔話と派生昔話に分けられているのですが、完形昔話の「智恵の働き」というところに「俵薬師」は分類されています。笑話は派生昔話のほうに入っています。

どうしてなのかというと、やはり先程の「仕事は弁当」とか「火事の知らせ」とかいったものは一口話で、話が短いので笑話のほうに分類し、「俵薬師」は、話が単純ではないので完形昔話の方に入れているのだと思われます。柳田國男は「俵薬師」について『昔話覚書』（三省堂、一九四三年）の中で次のように言っています。

俵薬師はおそらく日本で始まった趣向であろう。上総の東海岸などでは、昔俵に薬師如来の木像を入れたものが、漂着したという口碑もあって、何かこの仏にはそんな信仰なり縁起なりが附いていたらしく、しかもわが邦では主として眼病の願掛けをしている。俵というのも稲の国だから話になるので、西洋の各地では大きな袋に入れてといい、または樽につめて流そうとしたともいい、印度の旧話には三つある二つまでが、手足を縄で結わえて転がしたことにもなっている。しかし袋の中から騙したというのでなくては、実はこの話はそう面白くはないのである。

柳田が「俵薬師」の話をちゃんと『日本昔話名彙』に入れたということは、この話が外国でも話されている、外国の話と比較が出来るような、そういう非常に全世界的に分布をする話だということを知っていたからなのです。最後に「しかし袋の中から騙したというのでなくては、実はこの話はそう面白くはないのである」と書いているように、「俵薬師目の養生」と言って俵の中に入っていて馬方を騙してすり替わる。このすり替わるところにスリルがあったといえるわけです。しかもその時に目の養生というのだから、そういう薬師の信仰といったものも話の背景にあると柳田は言うのです。

「上総の東海岸などでは」と書いてありますが、これは『房総志料続篇　巻五　長柄郡』（天保四年（一八三三年））に載っています。おそらくこの資料を見て柳田は「俵薬師」という名前を付けたのだと思います。そこには次のように記されています。

一の宮人語しは、彼土の漁夫、一日海に傍て行、米苞数十波間に漂を見る、一苞渚に近づく、是を捜に小仏の薬師の像、幾許といふ事をしらす、其人怪遂に尽く持さり、東福寺といふ禅院の什器とす、俗に俵薬師といふ是也と、実に寛文年間（一六六一～七三）の事也と、按に是又土気領の村民、尽く日蓮派と成し頃、海中に投せし物成べし、

江戸時代に、藁の中に入って波間に漂っている薬師様を見つけて、それを東福寺というお寺に納めたという。千葉県には日蓮宗の信仰が多いのですが、日蓮宗に改宗した時に前の信仰を捨ててしまう。こういうことが背景にあって、

さらにそれがこういうずる賢い男の話と結び付いて日本では「俵薬師」という話になっていった。柳田は「俵薬師」を『口承文芸史考』（中央公論社、一九四七年）の中で次のようにも言っています。

日本では「俵薬師」などと称して、狡猾極まる下男が何遍となく主人を騙して結局金持ちになったという話が、半ば笑話化してかなり弘く流布している。昔話が興味を本位としたものである以上、人間の智恵の愉快な効果を説き立てるために、いわゆる勧善懲悪を度外に置いて、最初からこんな形をとったものがあったとしても不思議はないが、私はなお以前鬼とか化物とかの、騙して少しも差支えないものを騙した話があって、それが面白ずくにこのように変化したのだろうと見ている。これは我々のいう隣の爺型の常の傾向で、旦九郎田九郎の「賢弟愚兄」でも、ないし「和尚と小僧」でも、一方の非凡を強調する途として、相手をシーソーゲームの他の一端のように、どん底まで落すのがきまりであった。つまりは俵薬師はただ利口な下男という話の誇張であって、聴く者もその道徳的効果までには気をまわさなかったのである。

「俵薬師」と道徳的効果

柳田が「聴く者もその道徳的効果までには気をまわさなかったのである」と言っているように、かつては、お話はあくまでもお話として全国的に「俵薬師」の話は語られていました。しかし今日では、教育の中で「道徳的効果」の摺り込みが行われてしまっている結果、お話の主人公でも善人であることが強いられます。その結果、昔話の伝承世界までが、悪を語らないという常識に浸食されて「俵薬師」のような悪の昔話は語られなくなってしまいました。

「俵薬師」の昔話は、善と悪といった二つの心を持つ人間が、通常は解放出来ない悪の心の部分を解放する物語です。しかし、今ではこういう話をすると真似をする人が出てくるから話しちゃいけないとか、道徳的な理由で排除されています。「俵薬師」のような悪の昔話を楽しむ心の余裕を持てないことが、今日、心を病む人が多い原因の一つではないでしょうか。

先日、秋田へ行って「俵薬師」について話をしたのですが（小堀光夫「昔話の諸相⑤　語り手と思想」（『秋田魁新報』二〇一二年十二月十四日を参照））、秋田では「俵薬師」の話がかつてはたくさん語られていました。例えば今村義孝・今村泰子編『秋田むがしこ　第一集』（未來社、一九五九年）が出たのが今から五十五年前です。続編として一九六八年に出版された『秋田むがしこ　第二集』の「うそつき男」の話には、最後にフィールド・ノートが付いていて「この話は各地で聞くことが出来ました」と書いてあります。みんな喜んで語っていたわけです。それがいつの間にか語られない状況になっている。

一方『秋田むがしこ』に掲載された「ばすこぎ太郎」の話では、最後に長者が海の中に投げ込まれて下男が長者になり、普通はそこで話が終わりますが、ところが、その話では、さらに「だから人の言うことを羨ましがったり、真似をしてはいけない」といった話末評語というか寸評のようなものが付きます。そこまで悪の昔話を楽しんで語って来たのに、最後に「道徳的効果」がにゅっと顔を出すわけです。これは「俵薬師」が語られなくなる一歩前の状況と言えます。

二　アンデルセン童話「大クラウスと小クラウス」の翻案と「俵薬師」

アンデルセン童話と「俵薬師」

「俵薬師」の話は日本以外にもあるとお話ししましたが、アンデルセン童話に「大クラウスと小クラウス」という話があります。これはさっきの「馬の皮占」と「俵薬師」のくっ付いた話になっています。読んでみると、これは「俵薬師」の話と同じだなとわかります。ですから、アンデルセンもそういう話を知っていたということです。

アンデルセンがこの話をどこから仕入れたのかというと、ヨーロッパに伝承される「ウニボス」という話があります。この「ウニボス」というのは直訳すると、牛一頭しか持つことのできない貧乏人というような意味です。その「ウニボス」の話を元に伝承されていた「大ペーターと小ペーター」という話を「大クラウスと小クラウス」という作品にして発表したわけです。アンデルセンはデンマークの作家で、一八〇五年から一八七五年まで生きたので、ほとんど十九世紀を生きたということになります。その時代に書かれた童話集の中に「俵薬師」の話が入っていることがこれでわかると思います。

それから、このアンデルセンの「大クラウスと小クラウス」ですが、その後、『金色夜叉』で有名な尾崎紅葉が『少年文学』第二編（博文館、一八九一年）に、子ども向けの本として、何とこの話を翻案して「二人むく助」を出版しています。出した当時、非常に評判が悪かった。その当時から、子どもには良い話を聞かせなければいけないのにこんな悪人の話を童話にしてけしからんというわけです。童話というのは人格形成をするためにあるというのに、悪いことをして儲ける人の話というのは、これは童話とは違うだろうというわけです。

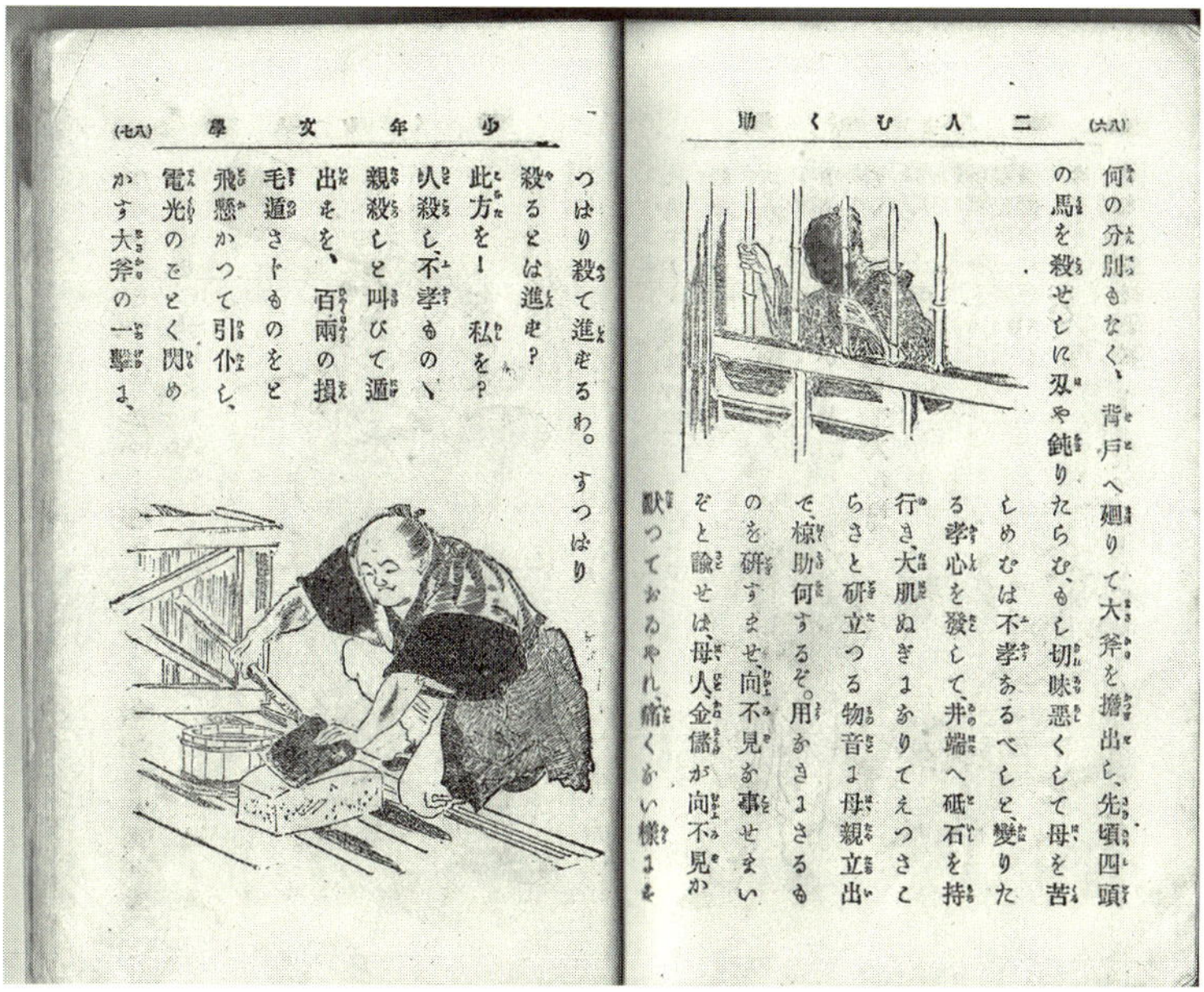
(八六) 二人むく助

何の分別もなく、背戸へ廻りて大斧を擔出し、先頃四頭の馬を殺せしに刄や鈍りたらむ、もし切味悪くして母を苦しめむは不孝なるべしと、變りたる孝心を發して、井端へ砥石を持行き、大肌ぬぎになりてえつさこらさと研立つる物音に母親立出で、椋助何するぞ。用なきまさるものを研すなせ、向不見な事せまいぞと諭せば、母人、金儲が向不見か、默つておゐやれ、痛くない様まを

(八七) 少年文學

つはり殺て進ぜるわ。すつぱり殺るとは進ぜ？ 此方を！ 私を？ 人殺し、不孝もの〻親殺しと叫びて遁出るを、百兩の損毛遁さじものをと飛懸かつて引仆し、電光のごとく閃めかす大斧の一撃ま、

図2 尾崎紅葉「二人むく助」
(『少年文学』第二編 1891年 博文館) 中村とも子氏 所蔵

また、翻案の仕方もよくなかった。特に細かいところ、例えば殺すための大斧を磨ぐシーンの挿絵（図2参照）をわざわざ入れたりして、ちょっと悪趣味です。ただ、これが出たことによって、逆に今度は民間にその話が降りて来るという現象が起こって来ます。「二人むく助」が昔話として民間で語られたのです。

アンデルセンの「大クラウスと小クラウス」を翻案した尾崎紅葉の「二人むく助」が口承に降りたと考えられる例としては、中西包夫『貴志の谷昔話集 和歌山』（貴志中学校、一九五二年）に「大むく助と小むく助」という話があります。それから、佐々木喜善『聴耳草紙』（三元社、一九三一年）にも「馬喰八十八」という話があります。さらに、青森の地方紙『奥南新報』（一九四〇年一月）の「村の話」の中に「大袋と小袋」という話があります。

和歌山の事例は「大むく助と小むく助」とあって、「二人むく助」と同様の話になっています。一方、『聴

耳草紙』と『奥南新報』のほうは、最後の部分が「俵薬師」の話型になっています。これは「二人むく助」が民間に降りた時に、元々あった「俵薬師」の話と結び付いたことが推測されます。

ここで言いたいことは、アンデルセンが「大クラウスと小クラウス」を書いて、日本で紅葉がそれを翻案し、それから「俵薬師」の話が日本で始まったかというと、そうじゃないということです。それ以前に、すでにこの悪の昔話が日本にあったということなのです。一方、それは外国にも同時にあって、外国からも入ってきたというわけです。

「ウニボス」と「俵薬師」

この話はアンデルセンだけが目を付けたわけではなくて、グリム童話集の第六十一番「小百姓」という話の中にも出て来ます。二〇一二年はグリム童話発刊二百年に当たりました。二百年も前のグリム童話の中にも「俵薬師」の話が出て来ます。そこでは俵の代わりに樽の中に入れることになっています。アンデルセン、グリムの話も、そして日本の「俵薬師」もたぶん、遡って行くと「ウニボス」の話と同様に、人間の悪を語る物語だと思います。

「ウニボス」は、AT（アールネ・トンプソンの話型索引）だと一五三五番「金持ち百姓と貧乏百姓」という話型ですが、そのウニボスの話については、中村とも子「〝避けるべき昔話〟「俵薬師」の人間像」（『昔話伝説研究』三十一号、二〇一二年）という論文があります。それによると、「ウニボス」の話のルーツは、ロートリンゲン、ネーデルランド、フランスのいずれかの土地の、名前不詳の聖職者（あるいは僧侶の教育を受けた吟遊楽士）が書いた「ウニボス」というラテン語の詩であり、文献では古くは十世紀に遡ることが確認されています。

つまり修道院や高僧達の娯楽のために「ウニボス」の話は、語られていました。息の詰まるような修道院暮らしの中で、非常に禁欲的に生活している人々が、笑話として聞いていたようです。この話がどういう意味を持ちどうして必要だったのかということが、この修道院や高僧達の間で語られていたというところから見えてきます。

「ウニボス」の話の分布は世界中に広がっていますが、今日の研究では東方起源が定説となっているようです。

三　トリックスターと「俵薬師」

西アフリカの「悪童物語」

悪者が良い思いをするという話には、いたずら者のトリックスターの話があります。小川了『トリックスター　演技としての悪の構造』（海鳴社、一九八五年）には、西アフリカのフルベ族という部族から採集された話が掲載されています。その中には、悪者が活躍するトリックスターの話があり、小川は次のように言っています。

トリックスター、…略…主として民話や神話のなかに登場し、縦横無尽の活躍をする小悪魔、あるいはぺてん師、詐欺師のことといっておこうか。

トリックスターというのは英語ですけれども、日本語でこれに代わる言葉は無いのかというと、小川は次のように言っています。

私はトリックスターという英語を用いてきたが、日本語のなかにこれに対応する言葉はもちろんある。「どうけ」（道化、道外、道戯、童戯）である。どうけは、かぶきの揺籃期にあらわれ、重要な役を果した「猿若」のあとをうけるものとして登場したという。どうけとは要するに「常の道の外をいひて、人をわらはすゆえに、道外といふ」のである。

つまり、常識をひっくり返して非常識なことをして笑わせる者、これを道化と言うのです。日本ではこういう道化というものがトリックスターに代わっていたというのです。道化について考えて行くと非常識なことをして人々を笑わせる点から、「俵薬師」の話の主人公を考えて行くヒントにもなります。また小川は、

道化とトリックスター…略…それらのいずれもがみずからの欠点、弱点、あるいは性根の悪さそのものをもってかえって他の人をして笑わせ、楽しませるための重要な武器としているという点では共通しているのである。

とも言っています。この場合も、金持ちの人が悪知恵を働かせてさらに大金持ちになったという話だったらこれは物語にならないわけですけれども、人にこき使われて底辺にいる人間が逆転して行くという、欠点、弱点、性根の悪さをフル活用して他人を笑わせるというところにトリックスターの話と共通する「俵薬師」の話の面白さがあります。

小川は、フルベ族の「悪童物語」という、とにかく手に負えない悪者の小僧の話も取り上げています。トリックスターというと、これは悪いこともするけれども良いこともする両義的な存在です。

しかし「俵薬師」の下男は悪知恵を働かして馬方を入れ替わらせて俵に詰めて海に落としてしまう。主人も殺して自分が主人の後釜に座る。この下男は、はっきり言って悪いことしかしていない。そんな悪いことしかしていない者を果たしてトリックスターと言っていいのかということですが、小川はそれもトリックスターだと言っています。

これから紹介するのは、西アフリカのフルベ族に伝わる「悪童物語」という話です。これは「俵薬師」と勝るとも劣らない悪者の話です。話の梗概は、次のようなものです。

バンバラ族の男である悪童はフルベ族の男に出会い、フルベの男の牛の世話をすることを申し出る。牛群の管理をまかされた悪童は牛の眼玉をくり抜き、それを料理して牛の持ち主であるフルベの男に食べさせる。それと知ったフルベの男は怒って悪童を追いかける。悪童は逃げる途中、鍛冶屋に出会い、鍛冶屋の仕事を手伝うかわりにフルベの男の追跡から守ってくれるよう頼む。こうして鍛冶屋の家におちついた悪童は鍛冶屋が眠りこんだすきに、鍛冶屋のふぐりに赤く熱した鉄の棒を突き刺す。鍛冶屋は怒って悪童を追いかける。逃げる途中、フルベの男に会い、つかまえられる。フルベの男は悪童を鍛冶屋の家につれもどす。悪童を小屋に閉じ込めた鍛冶屋は、悪童を小屋ごと焼き殺そうとする。悪童は鍛冶屋の息子を騙して入れ替わり鍛冶屋は息子を焼き殺してしまう。悪童は逃げた。

この悪童は、さっきも言ったように、悪いことをしながら一方で良いこともするという存在ではありません。また入れ替わりのモティーフもあります。そういう者の話もトリックスターというか、「ウニボス」と同類の話として西アフリカには、あるということです。

中国の「俵薬師」

では、こういう話は西アフリカの話だけなのかというと、実はそうではない。中国の湖北省にも伝えられています。飯倉照平編訳『中国民話集』（岩波文庫、一九九三年）の中に「エンマ様をぶち殺した農夫」という話があります。そこには何と、「俵薬師」と全く同じ話が、もっとダイナミックな話として伝えられています。全文を引用すると長くなるので要約した話を紹介します。

チャンピアオという農夫がいた。長者の娘を嫁にもらっていた。しかしチャンピアオが気に入らない長者は、粉挽き小屋に泊まらせ布団もやらずにチャンピアオを凍え死にさせようとした。チャンピアオは一晩中挽き臼を回し続けた。明くる朝、長者が粉挽き小屋に行くと汗びっしょりで元気そのものだった。長者が理由を尋ねると自分の上着が仙人からもらった「火竜の衣」だからとこたえる。長者は、自分の上着と交換し別に銀貨を十両出すという。チャンピアオは、上着を交換する。上着を着ると熱いので裏の山の高いところに行くようにすすめる。長者は従うが、実は上着はぼろの上着なので、凍えてしまい木の洞にもぐり込むが山火事で死んでしまう。長者の息子たちが怒って、チャンピアオを麻袋に押し込んで川に投げ込もうとするが、凍えさせるために放置する。そこに「目腐れ」の長者の家の番頭が豚を追って通りかかる。麻袋に入ると「目腐れ」が治ると騙して入れ替わる。しばらくして番頭が袋の中でもがくと川に落ちてしまう。息子たちが家に戻るとチャンピアオが川にいる豚を手に入れたと騙す。長者の息子たちは騙されて川に入るが溺れて死ぬ。長者と番頭と息子は、エンマ様にチャンピアオの悪行を訴える。エンマ様は、鬼、長すねの蚊の神をチャンピアオの元に使わすが、ことごとく悪知恵にやられてしまう。最後はエンマ様がチャンピアオの元に来るが、エンマ様の千里の馬を騙して自分の牛と交換し、さらに牛は人見知りするからと言って着ているものも交換する。チャンピアオは、千里の馬でエンマ殿に先に着き、エンマ様として、後から来るチャンピアオをぶち殺せと鬼や獄卒に命じる。チャンピアオの牛に乗り、その上着を着たエンマ様が来ると鬼や獄卒が棒で叩いてエンマ様を殺してしまった。

ここに登場する農夫は悪者で、さらにエンマ様まで殺してしまう。本当に悪の限りを尽くして、たぶん聞いている人間は、もう腹を抱えて笑い転げながらこの話を聞いていたのではないかと思います。「道徳的効果」とかいったものを度外視して、話そのものの持っている、日常性を逸脱した楽しさというものをこの話は持っているのだと思います。

だから、そういう大らかな気持ちを持っている人たちが数多くいた時代にはこのような話は、日本各地で語られていたし、みんなも笑って聞くことができたのです。

しかし、今では我々の心を解放するはずの昔話の世界にまで、常に善人でいろ、悪いことをするなという目に見えない社会の常識という心の規制がいつの間にかかけられ、「俵薬師」は、語られない昔話になってしまいました。

四　嘘話の主人公とその話者

嘘言いの庄助

では、こういう嘘つきの人が実際に民俗社会の中にいたのか。また、こういう話をする人というのはどういう人たちだったのか。嘘話の主人公とその話者の問題について考えてみたいと思います。

嘘話の主人公とその話者については、野村純一「村の嘘話とその主人公」(『言語生活』四一七号、筑摩書房、一九八六年)という論文があります。その中で野村は、

世の中には、まこと奇妙な男がいたものである。木挽きとしては一人前の腕を持っていた。それのみならず、声の良いのが自慢で、事実周囲からは木挽き唄の名人とまで評されていた。しかるに、一方で彼自身はいったい何を考えていたのであろうか。常日頃、とかく罪の無い嘘を言っては、近辺のひとびとを困惑させたり、煙に巻

いたり、また、それによって関心を集めたりしていた。そのうちに遂にはそれが高じて、ひとり「嘘で世渡りをしよう」と決心したそうである。

その挙句、自ら称して「天下の嘘つきじゃ」と宣言した。嘘ではない。本当の話である。いまから数えておよそ七十余年前、広島県双三郡三和町舟迫での出来事であった。男の名は光田庄助。もとより、当時の村人が正式にそれを認めたかどうかは、私のよく知るところではない。しかし、それでもその頃、土地のひとびとは一様に彼を呼んで「嘘言いの庄助」とし、その上で「庄助を相手に引っ掛かれば、引っ掛かった方が悪い」と、お互い自戒し合ったという。したがって、その辺の事情は今に充分推測し得る。それが証拠にここでは現在もなお、物事の念を押すのに「嘘庄じゃあるまいか」といった風の物言いが残っている。

この論文によると、今まで見てきた悪者が大活躍する一連の話がどういう人間によって語られ、それが伝承されていったのかということがわかります。ところで、これには後日談があって、嘘庄の子どもが呉服屋になって村に呉服を売りに来たけれども、一着も売れなかったと言います。「嘘庄の子どもの物じゃあ信用できないから、商売はできない」ということで商売にならなかった。野村は論文の最後に「全く罪作りなことをしたものである」と書いています。

では、嘘庄のような人というのは広島県に生まれた特異な存在なのかというと、野村は、嘘庄のほかに二人挙げています。愛知県北設楽郡の津具の竹内新左衛門。嘘こき新左と呼ばれていた人です。この人は鉄砲の嘘話をずいぶんしたといいます。それから、岩手県二戸郡浄法寺の福松話に出て来る小森福松。この人もやっぱり嘘こきです。分布としては大変バランスがいいですね。東北に一人、愛知県に一人、広島に一人。嘘つきとして村の中で非常に有名な人たちです。そういう人たちを通して野村がどのように考えたかというと、次のように言っています。

最初に紹介した光田庄助、そして津具の竹内新左衛門、さらには東北の小森福松といった例を俟つまでもなく、こうした話の主人公、つまり、そこでの担い手たちは、なべてこれが世間を歩いて来たという経歴と実績を有する点にあった。…略… その意味で、村内に在る彼等の居住いとその位置は、いわば常にこれが〝内なる外の人〟としての処遇にあった。外来の居住者であったわけである。そこで、ひとたびこれを想えば、好むと好まざるとにかかわらず、「鴨取権兵衛」以下、いくつかの話は、当然、そうしたひとびとの管理、管掌下にあり、かつ、そうした系譜の元にあったということが推察される。

要するに、村の中に定住している人ではなく、例えば樵《きこり》であったり鉄砲撃ちであったり、世間を渡り歩いて世間のことを知っている人、恐らくはそういう人たちが嘘こき話とかおどけ者話とかを管理していた。これを囲炉裏の座を中心とした家系伝承に対して、野村はヨコの伝承としています。

つまり昔話というのは家族伝承のタテ糸だけではなく、世間を渡り歩き、世間でいろいろな話を仕入れて来た人によって笑話がヨコ糸として囲炉裏の座に運ばれて来て、それらが相俟って昔話の伝承の場というのが成立していたと言うのです。そういう場で恐らく、「俵薬師」の昔話も語られていたのだと思われます。

盲僧と笑話

一方、先の光田庄助たちのような世間師たちと同様に、それを担っていた人たちが他にもいました。それは盲僧（座頭）です。『聴耳草紙』には「馬喰八十八」という「俵薬師」の話とともに盲僧が語る話も掲載されています。

例えば、『聴耳草紙』に「観音の願掛け」という話があります。主人公は「俵薬師」などと同じく貧乏な人です。貧乏でやっていけないので観音様に願掛けをします。すると観音様が顕われて、「お前は高い所から飛び降りろ」と言うのです。そうするといいことがある。この貧乏な人は高い所から飛び降りました。そうしたら、余りにも高い所から飛び降りたので、着地した瞬間、目玉がボロンと落ちてしまい、コロコロコロコロと転がって行きます。慌てて拾って目に戻したものだから、目玉を逆様に入れてしまった。そしたら内臓が良く見えるということで、お医者さんとして大成して大金持ちになるのです。

これは隣の爺型の話なので、隣でそれを見ていた人がいるわけですね。悪いやつです。ヒコヒコ爺というのが見ていた。「お前は何でいつの間に医者になって、大金持ちになったのだ」と聞くと、「いやあ、実は観音様に高い所から飛び降りろと言われて飛び降りるとこんなふうになって、目玉を逆に入れたら大儲けしたのだ」と言います。そしてヒコヒコ爺は、その真似をする。真似をすると必ず失敗するわけで、その男も飛び降りて、やっぱり目玉がコロコロッと転がるのですが、何と、目玉でなくトチの実を間違えて目に入れてしまう。それで目が見えなくなってしまって、「この昔話を語っている座頭がそれでございます」と言うので、みんながドドッと笑うわけですね。

自分の欠陥を笑話として語るという点で盲僧というのは、正に世間師たちとある意味で共通する存在であることがよく分かります。

しかし自分の身体的な欠陥を話の中に織り込んでおり、これは現在、笑える話かと言うと、今、皆さんはお話として笑ってくれたので健全なのだと思いますが。お話ですからね、あくまでも。だけど、笑えない状況になっているのが今なのだと思います。

五　教育と「俵薬師」

不幸なる児童文学

次に教育と「俵薬師」について考えて見たいと思います。「俵薬師」の話がどうして語られなくなったのか。何人かの教育関係者、児童文学関係者の発言を取り上げながらその背景を見て行きたいと思います。

児童文学研究者の西郷竹彦は「民話の本質と教科書教材」（『シリーズ・民話と教育1』明治書院、一九六九年）の中で、民話を子どもたちの国語教材として使えないだろうかと言っています。その中で、排除されない昔話と排除される昔話、つまり、良い昔話と悪い昔話があるのは、おかしいのではないかと言っています。また悪い昔話が語られる場合は、

「三年寝太郎」や「物臭太郎」的な怠け者や、「馬喰八十八」的な悪党は敬遠されてきました。たまに何かのはずみで顔を出そうものなら、怠け者や悪い奴の見本として扱われたのです。

となっていると指摘しています。「馬喰八十八」とは「俵薬師」の話のことです。「俵薬師」は、かつては、悪い奴の見本として語られていたわけではありませんが、いつの間にかそういう悪の昔話の代表格とされて、語られなくなってしまいました。だから西郷は、今から四十五年前の時点で悪の昔話「俵薬師」を復活させたいと言っています。しかし、今もって「俵薬師」は、語られない昔話のままです。

民話研究者の吉沢和夫は、「どのような民話をどう評価するか」（『シリーズ・民話と教育1』一九六九年）の中で「俵薬師」について次のように言っています。

正直が状況脱出の方便とならないところで、うそがその効力を発揮する、その間の行動の展開を、口承文芸としての虚構の世界で描いてみせているのがこの民話なのである。

吉沢は「俵薬師」は、あくまでもお話であり、何ともならない状況を打開するために常識をひっくり返していく、そういうところにこの話の妙味があるはずなのに、怠け者や悪い者の見本としてしまったのでは話の趣旨が違うだろうと言っているのです。「俵薬師」の話を、あくまでも口承文芸として語っていくことを吉沢は主張しています。

それから、児童演劇作家の冨田博之はそのものずばり「「俵薬師」について」という文章を『日本児童文学　臨時増刊・民話』（盛光社、一九七二年）に書いています。

そういえば、民話の再話ないし再創造の仕事は、児童文学者の手によって、数えきれないくらいおこなわれているが、「俵薬師」型の再話は、たしかに、皆無といってよいのではないか。

「八郎」や「竜の子太郎」などの自己犠牲賛美ないし献身型の民話は、数多く書かれ、愛されているが、「俵薬師」型の民話は、まったく忘れられているというのは、片手落ちではないだろうか。

柳田國男流にいえば、「不幸なる児童文学」の原因はこんなところにあるのではないか。

児童文学の世界でも、人のために役に立つというのは尊いことだし、そのような理想とされる人間像を教えるのは大切なことだと思うが、もう一方の暗黒面に光を当てないで、片方の良い面だけを見せるというのは児童文学が、やっていいことなのだろうかと言っています。

また、柳田國男には『不幸なる芸術』（筑摩書房、一九五三年）という著作があって、悪者の話、嘘つきの話、そういう話を論じています。そういう嘘とか悪者の話というのが日本の中で育っていない。そして悪の芸術が不幸な状態に置かれているというので、その書名が『不幸なる芸術』となっているのです。そして冨田はそれをもじって「不幸なる児童文学」と言っています。
一九八三年には、深田明子が金沢大学の『教科教育研究』に「民話教材をめぐる課題」という論文を書いています。その中の「俵薬師」を論じた部分で、

この民話が教育の場という表舞台に登場することについては、私自身躊躇するものがないわけではない。しかし、少なくとも教材としての是非を検討してみる程度のことはやる必要がある、と考えるのである。

と言っています。やや及び腰ですけれども、やっぱり考えてみるべきじゃないかと述べています。
近年では中村とも子が、先の「〝避けるべき昔話〟「俵薬師」の人間像」という論文の中で次のように言っています。

相変わらず「俵薬師」は日の目を見ないし、それどころか、消え去ろうとしている。西郷の言うように、教育界ができないならば別の方法でトリックスターたちの活躍を子どもたちに見せてやりたいと思う。昔話を教育的に扱うならば、理想的な人間像、期待される人間像が語られている話ばかりでなく、人生の多様なあり方、昔話が示す多様な価値観を与えてやることこそ、意義があると思うからである。

私も全く中村の意見に賛成です。しかし小学校の教科書に「俵薬師」が載るということは、今の教科書採択の状況では難しいと思います。児童文学はどうなのかというと、教科書と同様に出版は避けられています。

常識と「俵薬師」

また「俵薬師」の復権を阻む社会の重苦しい空気も感じます。それは悪の昔話を語れないことが、一九六〇年以降の常識になっていったからではないでしょうか。そしてその常識は、「臭い物には蓋をする」「見て見ぬふりをする」という諺同様に、人間が生きていると感じることが出来る出来事とその現実感からの逃避が背景にあると思います。元々、善と悪は、人間が生きる中で分離不能なコインの裏表のようなものです。それは生と死が表裏一体であることと同じです。

この生と死の分離は、自宅で出産したり、家族の死を自宅で看取ったりすることによって体験していた日本人の生と死の現実感が、一九六〇年以降は病院に隔離されて見えにくくなっていったことと無関係とは思われません。また悪に関しても、生きたニワトリを自宅で殺して食べていた時代から、スーパーのパックに小分けに処理された鳥肉を買うようになって行ったことも同様と思われます。人間は他の動物を殺して食べて生きているという現実、悪の意識が、スーパーの肉のパックに隠蔽されていったのです。これらが悪の昔話を語らないという口当たりのいい常識が生まれた背景ではないでしょうか。

しかし常識と非常識もよく考えてみると、今日の常識は明日の非常識と言いますか、いつも同じ常識が常識であるわけではありません。我々はその時代の道徳や倫理を常識として摺り込まれているのです。常識というのは常にみんなの大多数の意見で、これをやっていれば間違いはないだろうと、ただそれに乗っかっているだけなのですが、実際にそれが長い間常識として通用しているのかというと、そうではありません。

例えば「脳死」の問題等、人間の死の定義をめぐる常識は、近年ずいぶんと変化してきています。このように常識とは何かを考える上でも、悪の昔話「俵薬師」の話というのは重要な話だと思います。

おわりに―悪の昔話と宮沢賢治―

自分の悪と向き合う

小川了は、西アフリカの「悪童物語」について、トリックスターというのは良いこともするし、文化創造もする英雄的な存在と言われてきたけれども、西アフリカのフルベ族に伝えられているトリックスターはそうじゃない。悪をつき通して終わる。それもトリックスターだと言っています。そうして、結論のところで小川は、我々は悪人を必要としているのだと、自分の内面を吐露しています。

私は、われわれは悪人を必要としていると述べた。こう書くと、われながらいかにも鼻持ちならない高慢な道学者の一言のような感じがする。つまり、あたかも私は、自分自身は悪人の枠外におき、したがって身の安全を保証した上で悪人うんぬんといっているのではないかという気がするのである。しかし、いいわけがましい言い方を許してもらえば、私自身、悪の要素をいくつも身につけていることを知っている。また同時に、身のまわりにたやすく悪の要素を見出そうとする傾向が私自身の中にあるということも知っている。そうすることが私自身が持つ悪を相殺してくれるという意味で精神の安定につながるからだ。われわれが悪人を必要としているという場合、決して高見の見物をする者としていうのではなく、私自身の中にある性向にある種の恐れをいだきつつ述べている。

つまり、悪の話と言うのは、自分の悪に目を向けるという役割を持っています。狡猾者の笑話の中に、それを笑う悪の自分を発見して行くのです。柳田國男は『不幸なる芸術』の中で、

つまりは民衆は悪の芸術に飢えているのである。不幸にしてこの世にこの物の入用のある限りは、これを魔術のごとく忌み嫌ってばかりもいられまいかと考える。

と言っています。これは、悪者の話は現実世界の中でもいろいろと聞く。しかし、逆に、そういう世の中だからこそ、世間の嫌う悪の芸術を味わうような余裕を持っていたいのだ、と言うのです。つまり悪の芸術を味わう余裕を持ちたい。そういうことをたぶん柳田はこの本の中で言っているのだと思います。

岩波文庫の『不幸なる芸術』の解説に、作家の井上ひさしが、次のような一文を書いています。

人生を少しでも明るくおもしろくするには何が不可欠かという強烈な問題意識で、この『不幸なる芸術』が書かれている。悪だくみの技術の古風な芸術、これを愛するということ。これが必要だ。

悪と宮沢賢治

最近、「俵薬師」のような物語を書いた人がいないのかなあと思って、いろいろ探してみました。すると私は宮沢賢治に行き着きました。

宮沢賢治と言うと、もう聖人君子のようなイメージがあります。「雨ニモ負ケズ、風ニモ負ケズ」の詩や、「グスコーブドリの伝記」という作品がありますね。みんなを助けるために自己が犠牲になって主人公のブドリは亡くなる。そういう作品を賢治は書いていますが、その一方で次のような文章を書いたりもしているのです。『注文の多い料理

店』新刊案内にこういう一文が出てきます。

イーハトヴは一つの地名である。しいて、その地点を求むるならば、それは、大小クラウスたちの耕していた、野原や、少女アリスがたどった鏡の国と同じ世界の中、テパーンタール砂漠のはるかな北東、イヴン王国の遠い東と考えられる。

じつにこれは著者の心象中に、このような状景をもって実在したドリームランドとしての日本岩手県である。

イーハトヴという賢治の心象風景の中には大小クラウスたちの耕していた畑があるというのです。これはどういうことでしょう。大小クラウスの話というのはアンデルセンの童話です。「俵薬師」と同じ話です。その主人公が自分の心には住んでいるのだと賢治は言うのです。

そして賢治は、「毒もみのすきな署長さん」という作品を書きました。宮沢賢治全集にも入っています。前半の方を省略して、一番重要な部分だけを紹介して見たいと思います。

さてこの国の第一条の

「火薬を使って鳥をとってはなりません、

毒もみをして魚をとってはなりません」

というその毒もみというのは、何かと云いますと床屋リキチはこう云う風に教えます。

山椒の皮を春の午の日の暗夜に剥いて土用を二回かけて乾かしうすでよくつく、その目方一貫匁を天気のいい日にもみじの木を焼いてこしらえた木灰七百匁とまぜる、それを袋に入れて水の中へ手でもみ出すことです。

そうすると、魚はみんな毒をのんで、口をあぶあぶやりながら、白い腹を上にして浮びあがるのです。そんなふうにして、水の中で死ぬことは、この国の語ではエップカップと云いました。これはずいぶんいい語です。

とにかくこの毒もみをするものを押えるということは警察のいちばん大事な仕事でした。

ある夏、この町の警察へ、新しい署長さんが来ました。

…略…

「よくわかってます。実は毒もみは私ですがね。」

署長さんは町長さんの前へ顔をつき出してこの顔を見ろというようにしました。

町長さんも愕きました。

「あなた？　やっぱりそうでしたか。」

「そうです。」

「そんならもうたしかですね。」

「たしかですとも。」

署長さんは落ち着いて、卓子の上の鐘を一つカーンと叩いて、赤ひげのもじゃもじゃ生えた、第一等の探偵を呼びました。

さて署長さんは縛られて、裁判にかかり死刑ということにきまりました。

いよいよ巨きな曲った刀で、首を落されるとき、署長さんは笑って云いました。

「ああ、面白かった。おれはもう、毒もみのこととときたら、全く夢中なんだ。いよいよこんどは、地獄で毒もみをやるかな。」

みんなはすっかり感服しました。

これは毒作りの話です。毒で魚を獲っちゃいけない。つまり一網打尽にするという漁の禁止です。これをやると自然のバランスが崩れてしまうからです。それをこの国の言葉では、エップカップと言うと賢治は書いています。そして毒で魚を皆殺しにしてしまう状況を表現するこの言葉をずいぶん「良い言葉」だと賢治は言っているのです。これはすごい悪の言葉だと思います。

この毒もみを抑えるということが警察の一番大事な仕事でした。ところがある夏、警察に新しい署長さんが来ます。ここから物語が展開して行きます。この署長は何と毒もみが大好きな署長さんなのです。でも高い地位にある人だから皆は疑わない。ただし見抜いた人たちがいました。誰が見抜いたのかというと、子どもたちです。子どもたちが、あの署長がやっているのだと言います。しかし大人たちは信用しない。だけど、調べて行くと署長さん以外考えられない。

やってはいけないと言う悪事を、本当はそれを取り締まる側のトップがやっている。そして逮捕されて死ぬ時に「おれは本当に毒もみが大好きで、死んだ後、地獄へ行っても毒もみをするぞ」と言っています。それを聞いた人々は、その言葉を非難するのでなく「みんなはすっかり感服しました」と言って感心するのです。

これはもう何と言っていいのか、この署長さんは自然や生命を破壊してでも自分の欲望を追求することをためらわない危険な人間であると同時に、ある意味、善悪の彼岸に立つ自由な人間そのものなのです。「毒もみのすきな署長さん」には、そのような人間に対する賢治の深い共感があります。それが物語の最後にある「みんなはすっかり感服しました」といった言葉になっているのだと思います。

常識によって抑圧され、語られなくなった悪の昔話「俵薬師」を、ふたたび善悪の彼岸へと解放し、本来の笑話として楽しむことが出来た時、私たちは昔話の世界に心を遊ばせる自由をとり戻すことが出来るのではないでしょうか。

〔参考文献〕

小川了『トリックスター　演技としての悪の構造』（海鳴社、一九八五年）

中村とも子「〝避けるべき昔話〟「俵薬師」の人間像」（『昔話伝説研究』三十一号、昔話伝説研究会、二〇一二年）

野村純一「「嘘言いの庄助」のことなど」（『野村純一著作集』第七巻、清文堂出版、二〇一二年）

宮沢賢治「毒もみのすきな署長さん」（『新　校本　宮沢賢治全集』第十巻、筑摩書房、一九九五年）

柳田國男『不幸なる芸術・笑の本願』（岩波文庫、一九七九年）

あとがき

本書『語りの講座　昔話入門』は、平成二十四年度國學院大學オープンカレッジ特別講座の「語りの文化講座」を元にしている。本講座は十一回目を数えるが、今回は昔話研究の基本に立ち返り、動物（植物）昔話・本格昔話・笑話の三つのジャンル別に、それぞれの主題と特質について、従来の研究成果を踏まえながら、担当講師みずからが研究テーマとして取り組んできた成果をあらたに盛り込み、より興味深くわかりやすい内容になるよう心掛けている。さらに、これからの昔話研究における一つの指針ともなるべく意図されている。

現代社会は格差社会と言われ、豊かさと貧困が混在しているという。それは物心両面で言えることであろう。そのことが世相のあらゆる面での不確実さ、不安定さをもたらしている。それはある種の混沌ともいえる。性急に結果を求めたり、利己的になる必要はないけれども、私たちはいずれそこから抜け出さなくてはならない。そんな時、祖先の残してくれた有形無形の財産が物を言う時が来ると思われる。昔話や伝説といったものもその重要な要素の一つになることであろう。とは言っても、何も堅苦しく考える必要は毛頭ない。大切なのは、そのことを忘れないことだ。実は私たちの祖先がたぶんそうであったように、いかに昔話の世界を楽しむかということなのである。

ところで先日、小学一年生の孫といっしょに風呂に入っていた時、肌寒いのにいつまでも風呂場で遊んでばかりいて、いくら促してもちっともお湯につからない。とうとう癇癪をおこし、「いつになったらつかるんや！」と怒鳴ると、一瞬緊張した空気が流れ、孫殿泣くかと思いきや、やにわに「今でしょ」と宣《のたま》い、ニヤッと笑ってさっさと湯ぶねに足を入れたのである。現代流行語を使い、なかなか機転の利いた心憎い対応であった。六歳の少年の、予期しなかったこの一言で小さな風呂場の空気が和やかなものに一変したのは言うまでもない。当意即妙の言葉の威力はすごいと思った次第である。

考えてみれば、昔話を語ることもこれとよく似ているのではないか。言葉の持つ不思議な力が主人公を取り巻く状況を変え、思いがけない方向に物語を展開させて行く。そのことで、語りを享受する側も新しい世界へと入って行けるのである。笑いもまた然り。そして、そこにこそ伝承文化としての民間説話の価値がひそんでいると思うのである。

本書およびこれまでの語りの講座シリーズが、これから昔話研究に取り組もうとする人、昔話に関心を持ち、楽しもうとする人、昔話を生かした活動を考えている人たちのそれぞれに少しでも寄与し、混沌を打ち破る力になればと願っている。

平成二十五年十二月

松本　孝三

著者紹介

花部英雄（はなべ　ひでお）
一九五〇年生。國學院大學文学部教授。
主要著書／『まじないの文化誌』（三弥井書店　二〇一三年）『昔話の声とことば』（共著　三弥井書店　二〇一二年）

齋藤君子（さいとう　きみこ）
一九四四年生。國學院大學文学部兼任講師。
主要著書／『シベリア神話の旅』（三弥井書店　二〇一一年）『悪魔には2本蝋燭を立てよ』（三弥井書店　二〇〇八年）

樋口　淳（ひぐち　あつし）
一九四六年生。専修大学文学部教授。
主要著書／『民話の森の歩きかた』（春風社　二〇一一年）『フランス民話の世界』（白水社　一九八九年）

小池淳一（こいけ　じゅんいち）
一九六三年生。国立歴史民俗博物館教授。
主要著書／『伝承歳時記』（飯塚書店　二〇〇六年）『陰陽道の歴史民俗学的研究』（角川学芸出版　二〇一一年）

川森博司（かわもり　ひろし）
一九五七年生。神戸女子大学文学部教授。
主要著書／『日本昔話の構造と語り手』（大阪大学出版会　二〇〇〇年）『日本の民俗3物と人の交流』（共著　吉川弘文館　二〇〇八年）

黄地百合子（おうち　ゆりこ）
一九五一年生。
主要著書／『御伽草子と昔話　日本の継子話の深層』（三弥井書店　二〇〇五年）

松本孝三（まつもと　こうぞう）
一九四九年生。大阪大谷大学非常勤講師。
主要著書／『民間説話〈伝承〉の研究』（三弥井書店　二〇〇七年）

小林幸夫（こばやし　ゆきお）
一九五〇年生。東海学園大学教授。
主要著書／『しげる言の葉―遊びごころの近世説話―』（三弥井書店　二〇〇一年）『咄・雑誌の伝承世界―近世説話の成立―』（三弥井書店　一九九六年）

小堀光夫（こぼり　みつお）
一九六三年生。國學院大學文学部兼任講師。
主要著書／『菅江真澄と西行伝承』（岩田書院　二〇〇七年）『菅江真澄と小町伝承』（岩田書院　二〇一一年）

語りの講座　**昔話入門**

平成26年3月25日　初版発行

定価はカバーに表示してあります。

©編　者　花部英雄
松本孝三

発行者　吉田栄治

発行所　株式会社 三弥井書店

〒108-0073東京都港区三田3-2-39
電話03-3452-8069
振替00190-8-21125

ISBN978-4-8382-3259-8　C0037

製版・印刷　藤原印刷